Georg Lentz · Grüß, grüne Gurke, den Spreewald

Georg Lentz

Grüß, grüne Gurke, den Spreewald

Gepfefferte Geschichten

Ullstein

Das literarische Gesamtwerk in Einzelausgaben
BAND I

CIP-Titelaufnahme der Deutschen Bibliothek

Lentz, Georg:
Grüss, grüne Gurke, den Spreewald: gepfefferte Geschichten /
Georg Lentz. - Frankfurt/M; Berlin: Ullstein, 1989
(Das literarische Gesamtwerk in Einzelausgaben / Georg Lentz; Bd. 1)
ISBN 3-550-06035-1

Satz: Dörlemann-Satz, Lemförde
Druck und Binden: May & Co, Darmstadt
Printed in Germany 1989
ISBN 3550060351

Inhalt

Die Lesereise oder: Grüß, grüne Gurke, den Spreewald

Ein paar Monate ist es erst her, seit ich Hansgeorg Rostock, den Dichter, im Flugzeug traf. Damals, an der Schwelle zum Ruhm, angewiesen auf Minipressen-Verleger, die seine Werke mit abgequetschten Lettern auf pelzige Papiere druckten, konnte Rostock es sich aus eigenen Mitteln nicht leisten, ein Flugzeug zu benutzen. Diesen Flug, sagte er, habe ihm die »Gesellschaft der Freunde der Mark Brandenburg« bezahlt, er habe einen Vortrag gehalten, auch seine Gedichte gelesen. »Hier . . .«, er überreichte mir, von seinem Sitz drei Reihen vor mir aufstehend, einige vervielfältigte Blätter. Ein Gedicht, inzwischen sein bekanntestes, hieß »Grüß, grüne Gurke, den Spreewald«. Mit der Heimatmasche schaffte Hansgeorg Rostock es, berühmt zu werden. Allerdings erst, nachdem er in die Hände einer reifen Rohrstuhlfabrikantin namens Genia gefallen war.

Es mußte irgendwann bald nach unserer Begegnung geschehen sein. Genia vermittelte dem jungen Dichter Interessenten aus Industriekreisen, er las im »Bremer Tabakkollegium« und im »Freundeskreis Kunst« der Industrie. Wich keinen Fingerbreit ab von seinem Heimatthema. Empfing sozusagen den Ritterschlag, als sein Gedicht »Bernau, Bernau« in der renommiertesten literarischen Zeitschrift erschien, mit Porträt und biographischer Notiz.

Inzwischen wohnte Hansgeorg Rostock bei Genia. Sie

besaß im Keller einen Swimmingpool und zwang ihren Dichter ihr zuzuschauen, wenn sie ihre Runden drehte. Genia, in einem Alter, das bei Frauen die Taille einebnet, kaprizierte sich, dieser Tatsache bewußt, darauf, ihr Hinterteil zur Schau zu stellen, das einer mächtigen Melone glich. Während sie brustschwamm, hob sie das Prachtstück aus den Wellen, in Richtung ihres Jungdichters, der blond, unrasiert und versonnen am Beckenrand saß und sich überlegte, wie er Genia die nächsten tausend Mark aus der Nase ziehen konnte, ohne mit seiner grünen Gurke den Spreewald grüßen zu müssen.

»Kommst du nicht ins Wasser?« rief Genia unter ihrer Plastikhaube hervor, die ihr superoxidblondes Haar bedeckte, es war eine durchsichtige Haube, mit Gummizug im Rand, wie sie zum Duschen in jeder Drogerie feilgeboten wird.

Der Dichter schüttelte den Kopf. Er wußte, was ihn erwartete, sobald er ins Becken hechtete: Robbenspiel mit Genia, nackte Haut an nackter Haut, unter Wasser sich doppelnder Schmerz, wenn ihre schmeißfliegendunkel lackierten Krallen ihm über Rücken und Schenkel schabten.

Es war ein Spiel zwischen beiden, ob sie ihn hinabzog in die Fluten oder ob er trocken blieb, seine zweite Rolle erfüllte, in Gesellschaft an ihrer Seite glänzte auf Einladungen in Wirtschaftskreisen, wo die blonde Genia, im Hängerkleidchen von Courrèges, ihren Poeten vorführte: Hansgeorg Rostock, aufsteigender Stern am Himmel deutscher Dichtkunst. Sie hatte ihm einen Samtanzug gekauft, nachtblau. Mit geborteten Revers.

Genia bevorzugte Cocktails wie »Planter's Punch« und

»Petrifiers«, mächtige Drinks auf Rum-Basis, große Gläser verlangend, die sie vor dem schon etwas mürben Tal zwischen ihren weitgehend freigelegten Brüsten balancierte. Im übrigen war Genias Haut makellos, was die Industriebosse verlanlaßte, ihr die Hand auf die Schulter zu legen, sogar in Gegenwart ihrer säuerlichen, schwer die Bürde echter Perlen tragenden Gattinnen. Die Bosse stimmten jedesmal willig zu, wenn Genia vorschlug, der Dichter solle eine seiner Schöpfungen zum Besten geben. Skeptisch, aber geduldig lauschten sie, wie Hansgeorg leuchtenden Auges deklamierte:

»Wer wagt es, wabernde Wanda / zwei Zentner schwer / hecklastig durch Spreewalds Kanäle zu staken?«

Kein märkisches Gedicht, geographisch pingelig gesehen, aber doch eins aus der weiteren Heimat. Mancher dieser Erfolgsmenschen, die dem jungen Dichter zuhörten, stammte von »drüben«, verloren war für ihn das Land seiner Jugend, das nur in Form von Bildbänden im Bücherschrank noch gegenwärtig war, nun, in wenigen Zeilen, wiedererweckt wurde, mit den Worten eines Genies.

War es nicht wert den Dichter zu fördern?

Ein gewisser Karlheinz Brenner nahm die Förderung in die Hand. Brenner nannte sich bescheiden Diplom-Ingenieur, aber jeder wußte, daß er Einfluß in der Schwerindustrie besaß. Er beriet sogar den Bundeskanzler. Genia liebte er seit Jahren, half ihr geschäftliche Belange betreffend, seit sie nach dem Tod ihres Mannes die Rohrstuhlfabrik in eigener Regie übernommen hatte.

Karlheinz Brenner stiftete zusammen mit anderen wohlhabenden Verehrern der Dichtkunst – oder Genias – den Lyrikpreis »Unvergessene Heimat«.

Wer war als erster ausersehen, diesen - mit zehntausend Mark hochdotierten - Literaturpreis in Empfang zu nehmen?

Selbstverständlich Hansgeorg Rostock!

Einen anderen Dichter kannte die »Brenner-Runde« gar nicht.

Hansgeorg neigte, wie fast alle jungen Menschen, die Gedichte schreiben und noch wenig Erfolg haben, zu sozialistischen Ideen. Diese Ideen schwabbelten unausgegoren in seinem Hirn, den Ingredienzen eines billigen Brühwürfels gleich, der erst durch Auflösung in heißem Wasser genießbar wird.

Glücklicherweise wurde Hansgeorg langsamer betrunken als die lebergeschädigten Bosse aus Industrie und Wirtschaft, so daß die wenigsten reagierten, wenn er begann, sein rosa getöntes Feuerwerk abzubrennen. »Karl Marx meint nämlich«, begann er etwa mit schriller Stimme, und Genia an seiner Seite zischte über ihren Planter's Punch hinweg: »Kein Mensch hier interessiert sich dafür, was Karl Marx meint!«

Einmal, sie waren bei den stinkvornehmen Schulze-Pfaffenhofens eingeladen, bestand der Dichter zu später Stunde darauf, barfuß über die kostbaren Teppiche zu schreiten, die allenthalben die Parkettböden von Schulze-Pfaffenhofens originalgetreu restaurierter Jugendstilvilla bedeckten. Er streifte Schuhe und Strümpfe ab, Genia konnte es nicht verhindern, obwohl sie sich vor ihren Dichter kniete, die Falte zwischen ihren Brüsten heldinnenhaft entblößte: Hansgeorg entwand sich Genias Armen, schritt, Hosenbeine hochgezogen, mit käsig-blassen Füßen über Schulze-Pfaffenhofens Orientteppiche.

Frau Schulze-Pfaffenhofen, hinter ihrem Rücken Diamanten-Mucki genannt, reagierte geistesgegenwärtig. »Ist er nicht süß?« rief sie ihren Gästen zu, denen nichts anderes übrig blieb als ihrerseits den barfüßigen Verseschmied süß zu finden. Genia hatte ihr Glas wieder aufgenommen, sie stand, die andere Hand gegen ihren Schoß gepreßt, in einer Art hormonell bedingter Starre am Rand der Teppichpiste.

Diplom-Ingenieur Brenner sah es und wußte, daß es höchste Zeit war, dem Dichter den Preis zu verleihen.

Eine Woche später, der Stifterkreis hatte den Marmorsaal in der Residenz gemietet, nahm Hansgeorg Rostock Urkunde und Scheck entgegen. Genia klatschte als erste, während hinter Lorbeerbäumen, etwas zu früh, die Musik einsetzte: Haydn, Streichquartett in D-dur, Opus 64 (»Lerchen-Quartett«).

Genia wäre gewiß zurückhaltender mit ihrem Beifall gewesen, hätte sie gewußt, welche Gedanken ihr Schützling unter seinem blonden Schopf wälzte. Hansgeorg hatte nur eins im Sinn: Möglichst schnell zu einer Bank zu eilen, den Scheck einzulösen – und seine Geliebte und Förderin zu verlassen.

Unter Mitnahme des blauen Samtanzugs.

Als Gast der Brenner-Runde bei der Preisverteilung war auch ein Verleger erschienen, ein spitzbärtiger Typ mit Brille. Ein wenig sah er aus wie der junge Trotzki. Dieser Verleger sorgte dafür, daß Hansgeorg in einer Wohngemeinschaft sogenannter Gleichgesinnter unterkam. Er bewohnte eine Art begehbaren Schrank.

Der Gedichtband »Havelluch« erschien, gierig stürzten sich die Rezensenten auf das neue Talent, prophezeiten Hansgeorg, daß er demnächst den begehrten Petrarca-Preis erringen würde.

»Havelluch« wurde ein Riesenerfolg. Der Dichter zog aus seinem begehbaren Schrank in ein lichtdurchflutetes Eckzimmer um, in derselben Wohnung. In keiner Sekunde fiel es Hansgeorg ein, Genia, seiner Förderin, eigentlich Entdeckerin, ein Exemplar seines Buches mit Widmung zu schicken.

»Wir müssen den Erfolg ausbauen«, sagte sein Verleger zu ihm, als sie beim Frühstück im »Mövenpick« saßen, einem von den Kunstavantgardisten dieser Stadt bevorzugten Lokal. »Wie wäre es, wenn du auf Lesereise gingest?«

Hansgeorg wollte gerade einen Happen gerösteten Speck zum Mund führen. Er hielt die Gabel in der Luft an.

»Ich?«

»Genau. Du liest, signierst Exemplare. Deutschlands grüne Witwen warten auf einen Mann wie dich.«

Hansgeorg legte die Gabel beiseite.

Frau Dr. Gabriele Senftenberg, Pressechefin des Verlages, genannt die wüste Gobi, brachte den Autor an den Intercity-Zug. Sicher war sicher. Gabi-Gobi trug Ohrgehänge wie ein sizilianisches Maultier, was ihr etwas Zigeunerhaftes gab, trotz der intellektuellen Hornbrille, fünf oder sechs Dioptrien. Wenn sie die Brille abnahm, mußte sie praktisch blind sein. Auf ihren Tastsinn angewiesen. Es war bekannt, daß sie sich für die Autoren des Verlages aufrieb. Mit Brille? Ohne?

»Viel Glück«, sagte Frau Dr. Gabriele Senftenberg. Hansgeorg stieg ein. Als der Zug fuhr, dachte er darüber nach, wie ihr Spitzname gemeint sei, Wüste Gobi, Wüste groß geschrieben, also nichts außer Wind, Sand und Sterne, oder wüste, klein geschrieben, das Eigenschaftswort. Gobi dann gleich Gabi, verballhornt.

Er setzte sich in die Fensterecke. Blätterte im »Zugbegleiter«, dem farbenfrohen Magazin, das die Bundesbahn für ihre Reisenden bereithält. Dachte weiter nach über Frau Dr. Gabriele Senftenberg. Er würde alles herausfinden. Alles.

In B. holte ihn der Buchhändler Moritz Amsel von der Bahn ab, ein kleiner Mann mit Glatze und runden, ein wenig hervorstehenden braunen Augen. In Moritz Amsels Auto roch es nach Hund. Hansgeorg las in Amsels neuer Galerie, Sichtbetonwände, Neonlicht, die Zuschauer sahen aus wie aus Schmierseife geformt. An den Wänden in großzügigen Passepartouts Aquarelle einer berühmten Kinderbuch-Illustratorin, viel Blau, das in diesem Licht smaragdgrün leuchtete.

Hansgeorg Rostock, vom Veranstalter mit ein paar passenden Sätzen beim Publikum eingeführt, wollte mit seiner »Ballade vom einarmigen Waldarbeiter aus Buckow« beginnen, aber da sah er in der ersten Reihe einen Mann mit leerem Ärmel sitzen. Feinfühlig verzichtete er auf die Ballade, obwohl sie sechs Minuten dauerte und jedesmal das Publikum rührte. Gewiß traf das auch auf jene Zuschauerin zu, die schräg hinter dem Mann mit dem leeren Ärmel saß. Sie hatte ihren – gewiß kostbaren – Pelz nicht abgelegt, unter platinblonder Mähne hielt sie den Blick starr auf den Vortragenden gerichtet, der Blick eines Eisvogels, alterslos; nahm sie applaudierend die Hände hoch, sah Hansgeorg, daß ihre Finger mit Ringen umschmiedet waren. Kostbaren Ringen. Er hatte einen Blick dafür, seit die Stuhlfabrikantin Genia ihm Sinn für höhere Lebensart beigebracht hatte.

Rilke, Hansgeorg Rostocks großer Kollege, schämte sich nicht, seine Förderinnen zu immer neuen Taten der Wohltätigkeit anzustiften, indem er sie mit Abschriften seiner Werke überhäufte. Weshalb sollte Hansgeorg Rostock Freundesbeweise aus Zuhörer- (und besonders Zuhörerinnen-)kreisen verschmähen, seine Fans düpieren?

Als nach der Lesung Moritz Amsel im kleinen Kreis in die Weinstube »Zur Traube« einlud, befand sich auch der Eisvogel unter den Gästen. Alle schienen miteinander bekannt, befreundet zu sein, die Platinblonde nannten sie »Monti«, – »liebe Monti« –, sie rückte Hansgeorg näher, Moritz Amsel sah lächelnd zu, er wußte, daß Monti mindestens hundert Exemplare von »Havelluch« kaufen würde, zum Verschenken an ihre Freunde. – Er mußte den Dichter bitten, morgen in der Frühe weitere Bücher zu signieren, bevor er weiterreiste.

Es war spät, als sie aufbrachen, der Dichter ging noch schnell aufs Klo, ahnend, daß eine leere Blase nützlich sei beim Fassen weiterer Entschlüsse.

Hansgeorg brauchte sie nicht zu fassen, der Eisvogel nahm sie ihm ab, ganz selbstverständlich fragte Monti, immer hochgeschlossen im Pelz: »Kaffee bei mir?« Sie fuhr einen Mini, außen schwarz, innen schwarz. Während sie den Motor anließ, fiel sie über den erbeuteten Jungdichter her, öffnete Haken, Reißverschluß, Gürtelschnalle, als sie Gas gab, lag er verknüllt auf dem Beifahrersitz, wie ein Weihnachtspaket, an dessen Verpackung ungeduldige Kinderhände gezerrt hatten.

Sie lebte in einer Wohnung mit waschblaudunklen Wänden, hellblonden Möbeln, einem Wintergarten voller Schlingpflanzen und Rattanmöbeln, indirektes Licht hinter grüner Pflanzenwand verbreitete sanften Schimmer. Monti, immer im Pelzmantel, entkleidete den Dichter, mit fast sachlichen Bewegungen ihrer schönen Hände, dann öffnete sie ihren Pelz.

Darunter trug sie – nichts.

Das konnte doch nicht wahr sein. In der Lesung, in der Weinstube hatte sie gesessen in diesem Mantel, und niemand hatte gemerkt, daß sie darunter splitterfasernackt war? Von den Ringen an ihren Fingern mal abgesehen und einer feinen Goldkette, die sich um ihre Hüften schlang. Eng an den Dichter gepreßt, ein Bein auf einem Pflanzenkübel, zwang sie ihn, sein Spreewaldgedicht zu rezitieren, und er schrie an ihrem Ohr, ihrem Haar vorbei in die Lianen: »Grüß, grüne Gurke, den Spreewald!«

Der Dichter genoß die Zugfahrt am nächsten Tag. Allein in ein Abteil erster Klasse gelümmelt, sah er den Rhein an den Fenstern des Intercity vorbeigleiten, Rüdesheim, Binger Mäuseturm, die Rheinpfalz bei Kaub, ihm bisher bekannt durch einen Kupferstich im Elternhaus, der Marschall Blücher zeigte, wie er an dieser Stelle den Fluß überschritt, es war Hansgeorg entfallen wieso, das Ereignis lag einige Zeit zurück, er nahm aber an, um Frankreich zu erobern. In der Jackentasche ruhte die Visitenkarte seiner Dschungelgespielin, mit Zweit-Adresse in Lenzerheide, Monti hatte ihn eingeladen, zu ausgedehnterem Wintersport in ihr Landhaus in den Schweizer Bergen. »Du kommst bestimmt?« hatte sie ihn gefragt.

An diesem Vormittag war der Dichter entschlossen, der Einladung des Eisvogels Folge zu leisten.

Rechts auf steilem Felsen die Lorelei ließ den Dichter kalt, obwohl sein Kollege Heinrich Heine sie besungen hatte: »Ich weiß nicht, was soll es bedeuten ...« Hansgeorg wunderte es wiederum, daß man in diesen westlichen Regionen seines Vaterlandes so urmärkischen Wortschöpfungen wie seinen Gedichten Interesse entgegenbrachte. Er zog ein Blatt Papier aus der Tasche und einen Kugelschreiber, plötzlich war ein Stichwort in seinem Hirn aufgeflackert, von dem er annahm, daß es zu einem Gedicht führen müßte. Der Titel stand klar vor seinen Augen: »Schwäne von Rheinsberg.« Aber so sehr er sich auch abmühte, außer dieser Überschrift brachte er kein Wort aufs Papier.

Die Jungbuchhändlerin Ilse, die den Reisenden an der Hauptstrecke abholte, um ihn ins dreißig Kilometer entfernte Städtchen F. zu bringen, wo die nächste Lesung stattfinden sollte, entpuppte sich nebenberuflich als Rallye-Pilotin. Ihr BMW 2000 Ti, mit Spoiler und verbreiterten Kotflügeln, sah innen aus wie ein vorschriftsmäßig geteufter Bergwerksstollen, Überrollbügel und Längsstreben aus brünierten Metallrohren. Ilse trug einen schwarzen Overall mit der Aufschrift »Castrol«. Hinten lagen Sturzhelme und Landkarten, zwischen des Dichters Beinen, er hing bewegungsunfähig im Hosenträgergurt, fuhren Ölkanister hin und her.

Ilse verheimlichte ihm nicht, daß es ihr darauf ankam, den Streckenrekord zu brechen. Auf der kurvigen Straße, die zwischen Weinbergen entlangführte, erreichte sie trotz dichten Berufsverkehrs einen Schnitt von hundertzehn.

Amüsiert sah sie von Zeit zu Zeit ihren Fahrgast an, dessen Gesicht grüner und grüner schillerte.

Sie bremste vor ihrem Geschäft, das auf der Basis von Papierprodukten alle Bedürfnisse der kleinen Stadt in dieser Richtung erfüllte. Neben Bergen von Schreibpapier, Schulbedarf, Glückwunschkarten für alle Gelegenheiten und Notizbüchern türmte sich im Schaufenster eine Pyramide von Büchern, Hansgeorgs Lyrikband »Havelluch«, überragt von seinem Porträt – es zeigte ihn mit stolz gerecktem Kopf und leicht geraffter Oberlippe und erinnerte an den amerikanischen Schriftsteller Truman Capote – und der Ankündigung, daß er, Hansgeorg Rostock, hier und heute lese und seine Bücher signiere.

»Geschafft!« rief Ilse triumphierend. Hansgeorg gab ihr recht, aber sie meinte den Streckenrekord und er seinen Zustand; er wartete, bis die schwarze Kilometerfresserin ihm aus den Hosenträgern half.

Nach der Lesung befreite Ilse ihren Lyriker aus der Umzingelung durch reife Witwen und Heimatvertriebene. Nur ungern verzichteten sie auf einen Abend mit Hansgeorg Rostock, der jedoch, festgeschnallt, vor die Stadt gedüst wurde, wo die Buchhändlerin mit schwerem Schlüssel einen Weinkeller aufschloß, zu kühlem Umtrunk für Poet und Förderin.

Mit Schlauch und Weinheber zapfte Ilse aus bauchigen Eichenfässern. Der Keller, augenscheinlich das zweite Bein der Unternehmung Jung-Ilses, lag in schummerigem Licht. Ilse erklomm ein besonders großes Faß, steckte den Weinheber ins Spundloch. Während sie sich vorbeugte, riß hinten der Overall, er platzte wie die Hülle eines Ballons. Was Ilse drunter trug, war nicht viel mehr als das Nichts unter dem Pelz des Eisvogels; Hansgeorg fürchtete um den wirtschaftlichen Aufschwung der deutschen Unterwäsche-Industrie, nach den Erfahrungen, die sich ihm auf dieser Reise boten.

Ilse lachte, glitt vom Faß, fuhr mit der Hand nach hinten: »Knüppelschaltung!« schrie die Rallye-Meisterin. Sie entledigte sich der schwarzen Schlaube, half auch Hansgeorg, sein Poetengewand abzuwerfen - es war immer noch der Samtanzug, Genias Gabe.

Kalt wars da unten, und obwohl sie einem süffigen Roten eifrig zusprachen, obwohl die nun nackte Küferin noch öfter ihre Pipette ins Spundloch senkte, bedeckten sich ihre Körper mit Gänsehaut. Wenn sie sich aneinander rieben, meinte Hansgeorg, er sähe in des Kellers Düsternis Funken sprühen.

Als Folge seines Gewölbe-Abenteuers rechnete der Reisende mit Mehltaubildung zwischen den Zehen oder ähnlichen Rückständen seines untertemperierten Tête-à-têtes. Es blieb aber bei einem zünftigen Schnupfen, den an einer der nächsten Stationen seiner triumphalen Vortragstour eine robuste Landadlige ihm austrieb: Arbora von Arba-Duttenhof, Military-Reiterin und in der Bundesrepublik einzige Züchterin des französischen Charolais-Rindes.

In Arboras Gutshaus standen zierliche Tische, auf denen der Besucher allerlei Bücher ausgestellt fand, Bildbände mit Pferdefotos, Berichte über die verlorene Heimat im Osten und auch Lyrik. Hansgeorg freute sich, sein Werk »Havelluch« mehrfach zu entdecken.

In der ehemaligen Futterküche des Gutshauses befand sich eine Sauna. Arbora trieb ihrem Gast mit Schwitzkur und Birkenruten-Auspeitschungen die bösen Säfte aus dem Körper.

Er zeigte sich dankbar, indem er auf ihren seltsamen Vorschlag einging, das ihm angewachsene Lesezeichen in Stempelfarbe zu rollen und einen Abdruck auf dem Vorsatzpapier seines Lyrikbandes zu hinterlassen.

Es war schwierig, danach die restliche Farbe zu entfernen. Frau Arbora benutzte schließlich eine Wurzelbürste und das Pulver für die Geschirrspül-Maschine.

Den Schnupfen war er los, als er anderntags im gotischen Keller des Rathauses einer norddeutschen Küstenstadt las. Unterwärts aber wütete der Schmerz des aufgerauhten Organs, Tribut für rasche Gesundung der Atemwege. Ein Glück, daß die Gastgeber, ein ortsansässiger Buchhändler und Abgeordnete des Volksbildungsvereins, das kulturelle Ereignis einleiteten, indem sie einen kräftigenden Imbiß verabreichten, Katenschinken, Linie-Aquavit und Rotspon. Hansgeorg, im süßen Rausch von Schmerz und Schnaps, las wie noch nie, wuchs über sich selbst hinaus. Tränen in den Augen, flammenden Blondhaars schleuderte der Dichter seine Verse in die Menge, er reckte die Arme, rezitierte auswendig, lockerte den Schlips, öffnete seinen Kragen, so daß er dem jungen Schiller auf dem bekannten Bild glich, wie er im Karlsstift seine »Räuber« vorliest.

Hansgeorg Rostock riß die Zuhörer mit, rasend spendeten diese sonst kühlen Nordmenschen ihm Beifall.

Er entfloh nach der Lesung, schlug jede Einladung zu weiterem Umtrunk aus, der glühende Pflock zwischen seinen Beinen trieb ihn durch die stillen Straßen der Altstadt, bis er eine Bar fand, in der Anker zu werfen ihm angemessen erschien. Weizenblonde Hostessen, langsam in Sprache und Bewegung, ließen sich von ihm zu Piccolos einladen. Ihn fesselte jedoch die reife Vorsteherin der kühlen Elevinnen, ihr milder Blick löste den Dichter heraus aus Schmerz und Erfolgseuphorie. »Du bist, ich weiß es, ein Dichter«, sagte die Wundermilde.

Hansgeorg war gerührt. Er wußte nicht, daß die Wirtin, am Ratskeller vorbeigehend, das Plakat mit seinem Porträt für die Lesung gesehen hatte, und sie verschwieg es ihm.

Sie fand Gefallen an ihrem späten Gast, verscheuchte die Mädchen, setzte sich zu ihm, heftete den Blick aus ihren schönen braunen Augen fester auf den jungen Mann, der sich unterschied von den Typen, die gewöhnlich in diesem Etablissement das Gefieder spreizten. Die nächste Flasche ging aufs Haus, die übernächste auch, da saßen sie längst allein an der Bar, Hostessen und übrige Gäste waren gegangen, und sie erzählten einander aus ihrem Leben; Hansgeorg seine Laufbahn zum Dichter, das Dasein an der Seite Genias, der Rohrstuhlfabrikantin, die Wirtin ihre Odyssee, die sie hierher geführt hatte.

Sie tranken noch und erzählten, aneinandergerückt auf der Bank in der Ecke der Bar, als draußen längst der Morgen bläute, hier drin merkten sie es nicht. Und als sie es merkten, war es Zeit, Abschied zu nehmen, nichts war geschehen, in Hansgeorgs immer noch sanft glühendem Kolben pulste das Blut und er war dankbar, daß ihn diese Nacht das Schicksal nicht gefordert hatte.

Gefaßter absolvierte Hansgeorg Rostock den Rest der Lesetour, was ihn nicht hinderte, in neue honigsüße Fallen zu taumeln, er sah bleicher und bleicher aus. Seine

Versuche, die Rheinsberger Schwäne schöpferisch in den Griff zu bekommen, scheiterten weiterhin. Schließlich gab er es auf.

Die letzte Reisewoche schleppte er sich von Leseort zu Leseort, er mußte sich zusammennehmen, daß sie ihm den machtvollen jungen Dichter glaubten. Nach den Vorlesungen floh er. Versteckte sich in den kargen Zimmern der Gasthöfe, die »Zum Ochsen« hießen oder »Goldenes Lamm« oder »Zu den vier Winden«, um anderntags weiterzureisen.

Nach der letzten Lesung, er hatte mit einer Verehrerin nächtens am Strand Muscheln sammeln müssen - es war Vollmond -und der Sand knirschte allenthalben in Kleidern und Schuhen, fuhr er nach Hause, legte sich in seinem Wohngemeinschaftszimmer ins Bett.

War nicht zu sprechen.

Meldete sich auch nicht beim Verlag.

Rostocks Verleger mit dem Trotzki-Spitzbärtchen sah sich die Absatz-Zahlen von »Havelluch« an, die nach der Lesereise noch einmal emporgeschnellt waren. Dem Verleger schien es an der Zeit, einen neuen Lyrikband seines Bestseller-Autoren auf den Markt zu werfen. Er ging ins Büro der Pressechefin hinüber und fragte die wüste Gobi, wie die Lesereise verlaufen sei. Gabi-Gobi errötete, warf flackernde Blicke durch ihre dicke Brille, gab zu: »Ich weiß nicht.«

»Du weißt nicht?« Der Verleger rückte das Schild »Dr. Gabriele Senftenberg«, das nach amerikanischer Sitte auf der Tischplatte stand, beiseite und setzte sich auf die Ecke von Gobis Schreibtisch. »War es nun ein Erfolg oder nicht?«

»Gewiß. Hier die Pressemappe. Ein tolles Echo.«

»Und wo ist der Dichter?«

»Ich weiß nicht.«

»Gabi! Frau Doktor Senftenberg! Du solltest ihn doch betreuen! Schaff mir Rostock herbei!«

Die wüste Gobi fand den Dichter im Bett liegend, aus dem er seit seiner Rückkehr nicht aufgestanden war, außer er mußte aufs Klo. Ein Blatt Papier auf dem Fußboden neben der Matratze trug die Zeile: »Schwäne von Rheinsberg.« Nichts weiter. Ein mehrere Tage alter Bart umwucherte das Kinn des Poeten. Frau Dr. Senftenberg ließ ihre Vuitton-Handtache fallen und kniete sich neben Hansgeorg auf den Boden. »Um Himmels willen, was ist los?«

Hansgeorg murmelte: »Ich kann nicht mehr.« Die wüste Gobi, zuerst Frau, dann Pressechefin, fuhr mit der Hand unter die Bettdecke. Da rührte sich nichts. Sie nahm ihre Brille ab. Schlug die Bettdecke zurück. Setzte ihre Erfahrenheit ein. Nichts.

Der Dichter ächzte.

Gabi-Gobi richtete sich auf, grabschte nach ihrer Brille. Ein fürchterlicher Verdacht stieg in ihr auf. Sie suchte das Papier mit der Überschrift fürs Schwanen-Gedicht. Hielt es dem Dichter vor die Nase. »Und das Schreiben?« fragte sie.

Hansgeorg Rostock ließ die Augenlider sinken. Er schüttelte den Kopf.

Lebender Marmor

Ab und zu, an milden Sommerabenden, kam Kriminalkommissar a. D. Franzke in meine Laube. Wir saßen dann bei weit geöffneten Türen auf der Glasveranda und sahen zu, wie die Sonne über Siemensstadt unterging. Franzke erzählte gerne Geschichten aus seiner aktiven Dienstzeit als Kriminaler. Zuletzt hatte er der Mordkommission angehört, mit Sitz im Präsidium am Alexanderplatz.

In Erinnerung ist mir besonders eine Geschichte Franzkes geblieben, der Fall Lieschen Neumann, wie er ihn nannte. In Wahrheit war es der Fall Fritz Ulbrich, aber dieser war das Opfer, und Opfer kann man nicht anklagen.

Ulbrich betrieb einen kleinen Uhrenladen in einer Straße des Berliner Nordens. Häuser der Jahrhundertwende, bereits mit den ersten Spuren des Verfalls, mickrige Lindenbäume in preußisch exaktem Abstand am Gehsteigrand, Gaslaternen mit Auer-Glühstrumpf. Eckkneipen und andere kleine Läden, ein Milchgeschäft, Kolonialwaren, Möbel An- und Verkauf. Dazwischen Ulbrichs Uhrenladen. Keine Schätze im Schaufenster, billige Wecker, ein paar Taschenuhren und Armbanduhren für die Damen. Schlecht und recht lebte der fast Sechzigjährige hauptsächlich von Reparaturen.

Das heißt, so recht nicht immer. Er überredete Frauen und Mädchen aus der Gegend, sich von ihm photographieren zu lassen. Einst hatte Ulbrich eine Agentur für Personal zur Stellung lebender Plastiken betrieben. »Artistinnen«, man schreibe in diesem Fall, sagte Franzke, den Beruf in Anführungsstrichen, – »ich möchte keiner zersägten Jungfrau, keinem Feuerfresser oder Kettensprenger und keiner Seiltänzerin zu nahe treten, die ihr Geld auf, sagen wir, anständigere Weise verdienen.«

»Wieso die Einschränkung ›sagen wir‹?« fragte ich.

Franzke nahm einen Schluck Bier, er trank gerne aus der Flasche, die er sofort mit dem damals gebräuchlichen Patentverschluß, Porzellanknubbel mit Gummiring, wieder zumachte. »Das Unrechtsbewußtsein jener Mädchen war gering«, erklärte er. »Nehmen wir einmal Lieschen Neumann, jene, die in das Raubmordkomplott an Ulbrich verwickelt war, als Mittäterin verurteilt wurde. Katastrophale Zustände, in einer dieser muffigen Mietskasernen lebten die Neumanns zu sechst in Stube und Küche. Die Mutter nicht richtig im Kopf, weicher Keks, wie die Nachbarn sagten, Schwester Erna Psychopathin. Der Fall spielte in den frühen dreißiger Jahren. Vater Neumann, aus dem Krieg heimgekehrt, ein Hysteriker. In dieser Umgebung das vierzehnjährige Mädchen, früh sexuell erwachend, nehme ich an, wie fast alle Gören aus solchen Verhältnissen.«

Eine Freundin nahm Lieschen zu dem Uhrmacher mit. Der Alte schien ungefährlich mit seiner Glatze und dem zerknautschten Gesicht. Die Photos, die er erst einmal zeigte, waren schön. Mädchen, die Karriere gemacht hatten beim Stellen lebender Bilder, in etwas gewagten oder lustigen Kostümen, Zylinder auf den Locken, einen chinesischen Papiersonnenschirm kokett über sich schwingend.

Nichts eigentlich Verfängliches, höchstens konnte man

erröten, falls das in dieser Gegend Mode war. Ulbrich zog dieses und jenes Requisit unter dem Bett hervor, feine Wäsche verwahrte er im Vertiko. »Probier das an.« Wer wollte sich zieren? Vielleicht würde auch sie, Lieschen, entdeckt werden? Fürs Stellen lebender Bilder? Der alte Mann erkärte, er sei für Gruppenphotos, genannt »Lebender Marmor«, eine Koryphäe, in einschlägigen Künstler- und Impresario-Kreisen anerkannt. Vielleicht einmal, später, würde er Lieschen auch diese Photos zeigen. Für heute sei es genug.

Das Batisthemd mit den feinen Spitzen, nichts Unanständiges. Auf das Podest, bitte. Und in den Apparat schauen. Fein. Den einen Arm höher.

Ulbrich korrigierte Lieschens Haltung, mit sanftem Druck aufs junge Fleisch.

»In der Statistik führen wir Leute wie Ulbrich als Erophotomanen«, erklärte Franzke. »Es handelt sich um Personen mit stark gesteigertem Geschlechtstrieb; die erotische Photographie dient als Ventil. Daß der Uhrmacher dies Metier sozusagen als Nebenerwerb betrieb, war eine Folge, die sich im Milieu anbot. Er hat, die Zahl wird dich verblüffen, mehr als fünfzehnhundert Frauen photographiert, in mehr oder weniger obszönen Stellungen und Situationen. Auf einigen Bildern, wir haben ganze Pakete beschlagnahmt, ist er selbst mit drauf. Aufgenommen per Selbstauslöser. Meistens trägt er eine lächerliche Perükke, wie ein friederizianischer Soldat. Man könnte über die Bilder lachen, wenn es sich nicht um Mord handeln würde.«

»Wie ist Ulbrich umgekommen?«

»Sachte.« Franzke nahm wieder einen seiner kleinen

Schlucke. »Wir haben also Pakete beschlagnahmt, von obszön bis billig, auch diese Gruppenphotos. Lebende Bilder waren damals en vogue, Touristen wurden von Schleppern in geheime Salons geschleift, alles Nepp. Miserabler Sekt zu Höchstpreisen, Madames Tochter und eine Freundin nackt posierend, hinter einem Schleier oder auch nicht. Bis wir davon erfuhren, fand die Veranstaltung längst in einer anderen Wohnung statt. Manchmal schickstes Westend, die Leute verdienten sich auf solche Art die Miete, und jeder Provinzonkel dachte: Det is Berlin.«

Lieschen Neumann posierte. Bald stand sie unbekleidet auf dem Podest. Als Lohn rückte der Alte fünf Mark heraus. Einen Heiermann. Damals, für ein Mädchen von vierzehn, fünfzehn Jahren ein Haufen Geld. Dazu Abzüge gratis. Bin ich nicht ein hübscher Fratz? In der Gerichtsverhandlung, als jemand Lieschen Neumanns schöne Augen erwähnte, sagte die Berliner Göre zur Erheiterung aller: »Nen schönen Hintern habe ick ooch.«

Ulbrich druckte Abzug um Abzug in seinem Hinterstübchen und vertrieb die Bildchen in der Szene. Zuhälter, Straßenmädchen fungierten als Händler. Ulbrich, der Kleinunternehmer. Rauf die Mädchen aufs Podest, Kleider runter. Stellung korrigiert, sanfte Berührung. Manchmal gings ins Bett mit dem schrulligen Ollen.

So hielt es auch Lieschen, obwohl sie damals mit einem festen Freund ging, dem Kutscher Richard Stolpe, den sie im Fußballclub kennengelernt hatte. Richard bekam spitz, was Lieschen beim Uhrmacher trieb. Er überredete das Mädchen zum Weitermachen. Erpreßte den Alten ein bißchen. Mal zehn Mark, mal fünf. Viel war nicht zu holen. Ein Freund Stolpes gesellte sich hinzu, der Schlosser Erich Benziger. Junge Kerls, die den Tatterich in die Mangel nahmen. Mehr als insgesamt hundert Mark werden sie kaum aus Ulbrich herausgeleiert haben, ein schäbiges Zubrot.

»Lieschen ging zum Alten«, erzählte Franzke, »hopp, aufs Podest, hopp, in die Furzmolle. Wahre Liebe war das nicht, weder zwischen Lieschen und Ulbrich, noch zwischen ihr und Stolpe. Man nahm Gelegenheiten wahr. Wie ja überhaupt« - Franzke sah mich herausfordernd an - »Berlin keine Metropole der Erotik war oder ist.«

Sollte ich widersprechen? Wollte, mußte ich? Aufgrund eigener, gegenteiliger Erfahrungen? Wahrscheinlich hatte Franzke recht. Die Berlinerin ist ein Kumpel, die Sorte, die - sprichwörtlich - zum Pferdestehlen geeignet ist. So muß man sich auch jenes Milieu in der stillen Straße im Berliner Norden, in dem die Geschichte spielt, nicht mit Erotik geladen vorstellen. An einem der folgenden Abende brachte Franzke ein paar Fotos, die von Ulbrich stammten. Ich mußte mir das Lachen verkneifen. Lieschen Neumann im Hemd, nackt an einen Tisch gelehnt: Das zog keinem die Schuhe aus.

»Im Präsidium, unter Verschluß, liegen schärfere Bilder«, sagte Franzke. »Doch würden auch die deine Meinung nicht ändern. Heute, im Ruhestand, frage ich mich, was wir damals verfolgten, soweit es in den Rayon Sitte und Anstand fiel. Daß jemals ein Provinzonkel das alles für den Sündenpfuhl der Großstadt hielt, ist inzwischen unverständlich.«

Lieschen zog zu Stolpe. Reine Harmonie herrschte nicht zwischen den beiden. Stolpe ohrfeigte seine Freundin. Sie arbeitete vorübergehend als Schankmädchen,

Stolpe nahm ihr das Trinkgeld ab. Eines Tages hörte Stolpe zu arbeiten auf. Mit der Treue hielt es Lieschen nicht so genau. Bald nannte man sie die Rummelbraut. Einmal erwischte Stolpe sie, wie sie sich, in Plötzensee in der Badeanstalt, mit einem Fremden im Wasser vergnügte.

Kriminalkommissar Franzke berichtete sachlich, ohne Emotionen, als stünde er bei Gericht im Zeugenstand. Manchmal ließ er eine Art Grunzen hören, das konnte ich bei ihm, dem Vorsichtigen, als Lachen auslegen. Mir schien sowieso vieles zum Lachen an dieser Mordgeschichte, und ich war nicht überrascht, als Franzke sagte: »Später, bei der Verhandlung, wurde viel gelacht.« Oder: »Lieschen Neumann, darauf angesprochen, weshalb sie lache, immerhin Angeklagte in einer Mordsache, meinte, zum Heulen habe sie genug Gelegenheit. Sie wolle lieber lachen.«

Wahrscheinlich entdeckte sie lachend, daß sie schwanger war, vom Kutscher Stolpe. Von da an hielt sie ihm die Treue, von »Kippen«, von Abtreiben, war nicht die Rede. Zu Stolpe, der sich herumtrieb, meinte sie: »Mit dir werde ich noch ein übles Theater erleben.«

Als Freund Stolpe das Geld ausging, schlug er vor, Lieschen solle wieder zu Ulbrich gehen. »Wofür?« fragte sie. »Ick hab'n dicken Bauch, mit Fotos is nischt. Und wat er sonst von mir will, is nich jut.«

»Meinste«, sagte Stolpe. Und erwähnte, daß er mit Benziger reden wolle, seinem Freund. »Wenn man nich anders an die Kohle von dem Tatterich rankommt, muß man ihn eben umbringen.«

Franzke meinte: »Was in der Folge geschah, ist schwer

zu erklären. Wie ein Mordplan entsteht, können nicht einmal wir Kriminaler schildern. Es ist, als ob sich die Ereignisse von den Beteiligten loslösen, sie werden eine Art Funktion des Geschehens.«

Er sah mich an, mit seinen Augen, die Skepsis ausdrückten gegenüber allem, was Menschen Gutes planen, – er war, durch seinen Beruf, immer nur mit der anderen Seite in Berührung gekommen. »Ich mußte mir das immer wieder vorstellen«, sagte Franzke, »diese aufgeheizte Atmosphäre, jene Kleinkriminalität, das naive und zugleich raffinierte Denken und Handeln aller Beteiligten. Aller, denn auch Fritz Ulbrich sind jene Eigenschaften nicht abzusprechen. Raffiniert sein Verhalten, wie er sich Zugang zu Frauenkörpern verschaffte, naiv die kommerzielle Ausbeutung seines Triebes. Naiv auch sein Glaube, in einem derartigen Milieu könne er ungeschoren davonkommen.«

Er winkte ab: »Ich weiß, was du sagen willst. Nicht alle Porno-Photographen werden ermordet. Gewiß ist jedoch, daß jeder, der sich in einem derartigen Milieu festfräst, gefährdet ist.«

Mehr und mehr gerät auch Benziger in den Strudel. Plötzlich ist es Lieschen Neumann, die alle Bedenken des Dritten wegwischt: »Wir sind drei«, sagte Lieschen, »und der Ulbrich hat mit fünfzig Mädchen ein Verhältnis. Niemand wird sich auskennen. Wenn du nicht kommst, Benziger, hau ich dir ein Beil vor den Kopf.«

Sie machen einen Plan. Lieschen geht zu dem Uhrmacher und kündigt an, sie wolle bei ihm bleiben. Ulbrich staunt. Wieso auf einmal? In den vier Monaten, seit es schwanger ist, hat er das Mädchen kaum gesehen. Heute hat er sowieso keine Zeit, er habe vier Mädchen eingeladen. Vielleicht morgen ? Um halb acht? So leicht läßt sich der Alte keine Gelegenheit entgehen.

Gut. Also morgen. Die Räuberbraut erklärt ihren Kumpanen, daß der Plan um einen Tag verschoben werden muß.

Am nächsten Abend findet sie sich wieder bei Ulbrich ein. Die Kumpane haben sie bis in die Nähe des Ladens begleitet. Ulbrich ist zärtlich, legt Platten auf. Er hat Weintrauben besorgt. Gegen zehn ziehen sie sich aus und gehen ins Bett. Lieschen will an der Wand schlafen, damit Stolpe und Benziger leichtes Spiel haben. Aber Ulbrich beansprucht den Platz für sich. Eine letzte Schallplatte dudelt: »Erika, brauchst du keinen Freund?« Lieschen hat sie aus dem Laden geholt und dabei den Riegel der Tür zurückgeschoben.

Ulbrich schläft. Zwei Stunden lang liegt Lieschen Neumann wach neben ihm und wartet.

Gegen Mitternacht treten Stolpe und Benziger in den Laden. Plötzlich schlagen alle Uhren. Zwölfmal. Geisterstunde. Benziger stößt an das Grammophon. Ulbrich wacht auf, sucht den Lichtschalter, stößt an Benzigers Kopf. Erschreckt stößt er einen Schrei aus.

In diesem Augenblick ist Stolpe über ihm und beginnt ihn zu würgen. Der Greis zappelt. »Halt die Füße fest!« ruft Stolpe seinem Helfer zu. Benziger tut es. Nach einer Weile läßt Stolpe los. »Er ist noch nicht hin«, ruft Lieschen. Benziger bedrängt die beiden aufzuhören, der Alte sei bereits blau im Gesicht.

Inzwischen ist Lieschen Neumann aus dem Bett geklettert, über Ulbrich hinweg, und fährt in ihre Kleider. »Wenn er sich noch rührt, schlag' ich mit dem Beil hin«, sagte sie. Das Beil lag neben dem Kanonenofen, zum Holzspalten. »Mörderinnen«, doziert Franzke, »benutzen fast immer häusliche Werkzeuge. Das Beil, ein Küchenmesser. Revolverschwingende Ladies, wie vom Fernsehen her bekannt, gehören in der Praxis zu den Seltenheiten.«

Die Mörder deckten die Leiche zu. Ihre Beute: Achtundzwanzig Mark und zehn Uhren. Sie fuhren mit einer Taxe zu Stolpe. Am nächsten Tag gingen sie zu dritt ins Kino. Den Rest der Beute hauten sie in Kneipen auf den Kopf.

Franzke verlangte noch ein Bier. »Eine banale Geschichte«, sagte er. Doch selbst, wenn man in der Mordkommission sitzt, packt einen das Grauen. Die Lächerlichkeit des Ganzen verstärkt dieses Grauen eher. Wir lachen über Heinrich Zilles Zeichnungen, aber gleichzeitig wissen wir, eben durch diese Zeichnungen, wie jene Menschen leben. Entschuldige, ich wollte nicht dermaßen ernst werden.«

»Schon gut«, beruhigte ich Franzke. »Wie ist die Polizei ...«

»Wir wußten natürlich von Ulbrich und seiner Tätigkeit«, sagte Franzke. »Aber Photographieren allein ist nicht strafbar. Beim Handel mit Photos haben wir ihn nie erwischt. Nachbarn entdeckten die Leiche, die Tür stand offen. Wir fanden die Photos und nahmen uns ein paar von den Mädchen vor. Der Alex sah allerhand lebenden Marmor in jenen Tagen, auf den Photos, und, mehr oder weniger aufreizend bekleidet, in natura. Lieschen Neumann war darunter, aber auf sie fiel immerhin ein Verdacht. Sie warnte Stolpe und Benziger. Die beiden machten ’ne Fliege. Mit der Bahn fuhren sie nach Stettin, in der Nähe kannten sie einen Bauern, bei dem sie früher gearbeitet hatten. Wir gaben einen Steckbrief heraus. Wenn zwei derart übel beleumdete Typen abhauen, haben sie einen Grund.«

Franzke ließ sein Grunzen hören. »Die beiden liefen einem Landgendarm in die Quere. Als der sie fragte, ob sie in Berlin den Uhrmacher umgebracht hatten, sagten sie ja, das hätten sie. Dann kneteten wir Lieschen Neumann weich, es war nicht schwer, wie du dir vorstellen kannst. Sie war zu ihrer Mutter gerannt und hatte gesagt: ›Die zwei Jungs Stolpe und Benziger und ich haben den Ulbrich totgemacht.‹ Die Mutter sagte dem Vater Bescheid, und der rannte aufs Präsidium, wo wir seine Tochter in der Zange hatten. Sie fing zu weinen an und gestand alles.«

»Lange her ist das alles«, sinnierte ich. »Inzwischen haben wir einen neuen Krieg erlebt . . .«

Franzke rückte mit dem Stuhl vom Tisch ab. »Ich weiß«, sagte er. »Das alte Argument. Wo es Millionen Tote gibt . . . und dennoch. Jeder Fall war ein Stück meines Lebens. Versteh mich. Diese Dinge geschahen hautnah. Und aus dem Kleinen – aus dem Kleinen begreift man das Große. Vielleicht.«

Er stand auf. »Dein Bier war ausgezeichnet. Auf bald mal wieder.«

Die Jungfrau auf dem Rüssel des hydraulischen Elefanten

Als Öler sitze ich ganz unten, hinter dem Fahrer. Über mir bewegt sich das Pappmaché-Gebirge des weißen Elefanten, wird gehoben und gesenkt von der Hydraulik-Säule, die metallisch glänzend vor meinem Gesicht arbeitet. Aus einer Kanne mit langem Schnabel spritze ich ab und zu einen Schlatz Öl gegen die Säule. Links und recht sehe ich die Beine der Majoretten, junge Mädchen in Fantasie-Uniformen, die auf unserem Karnevalswagen mitfahren. Zwischen den Beinen erkenne ich, daß gigantische Pappköpfe uns umtanzen, gescheucht von Funktionären. Sie sammeln abgebrochene Nasen und Ohren auf. Einer schleppt ein Bündel Papp-Arme. Hinter den Barrieren vergnügt sich die Bevölkerung von Nizza damit, Luftschlangen aus Spraydosen zu schießen.

Unser weißer Elefant hebt und senkt sich, während wir im Schrittempo in die Promenade des Anglais einbiegen.

Musik. *When the Saints go marching in.* Vor uns rollt der Wagen der Sechsten US-Flotte.

Die Hydraulik arbeitet einwandfrei. Unsere Majoretten versuchen auf kleinstem Raum Tanzschritte. Wieder ein Schlatz Öl, um mein Gewissen zu beruhigen. Schließlich ist es eine Ehre für einen *Boche*, hier mitzufahren.

Zwischendurch aber richte ich meinen Blick immer wieder nach oben, wo ich Chantal mehr vermute als sehe, das Mädchen, das auf dem Rüssel unseres Elefanten sitzt, Kußhände nach links und rechts wirft und graziöse Handbewegungen vollführt. »Laß die Finger von ihr«, hatte mich Jean-Luc, der unseren Wagen fährt, gewarnt: »Der Vater ist Sizilianer!«

Chantals Vater ist überdies Metzger. In der Altstadt von Nizza verkauft er Kutteln und Stierhoden - Delikatessen für die Bewohner einer Stadt, die vor gut hundert Jahren noch zu Italien gehört hat.

Vor einigen Wochen, als Jean-Luc und ich durch die Gassen streiften, hatten wir sie zum ersten Mal gesehen. Hinter einer gläsernen Kühltruhe, in der sich die Innereien unter Neonlicht präsentierten, stand Chantal, im weißen Kittel, lachte uns über die Stierhoden hinweg an. Eine dunkle Schönheit mit großen braunen Augen.

»Sie ist es!« flüsterte Jean-Luc. »Ich muß sie haben!«

»Wofür?«

»Sie muß auf den Rüssel. Diese. Genau dieses Mädchen.«

Jean-Luc erklärte mir, daß er die Absicht hatte, mit einem hydraulischen Elefanten am Karnevalszug teilzunehmen. »Er bewegt sich. Nicht nur die Augen oder die Ohren. Der ganze Elefant, verstehst du ...? Er macht Männchen.« Jean-Luc faßte mich am Arm, daß es schmerzte. »Eine Sensation. Ich schwöre es dir. Und oben, auf dem Rüssel, sitzt ein Mädchen.« Er deutete zum Metzgerladen hinüber. »Dieses Mädchen.«

Wir zogen uns in ein Café an der nächsten Ecke zurück, einen strategisch günstigen Punkt, von wo aus wir den Laden - und das Mädchen - im Auge behielten. Ab und zu verschwand sie im Hintergrund, statt ihrer trat dann ein bulliger Bursche an den Tresen. Der Vater? Ein Verwandter?

»Geh doch rüber und frag sie, ob sie mitmacht«, schlug ich vor.

Jean-Luc blickte mich starr an. »Teutonisch«, murmelte er.

Ich schämte mich. War nicht vertraut mit den Sitten hier. Was unternahm ein Mann, der einen weißen Elefanten in den Karneval schickte, um ein bestimmtes Mädchen auf seinen Rüssel zu zerren? Auf den Papprüssel des Papp-Elefanten?

Jean-Luc kannte jemand der jemand kannte der mit der Tochter des Schwagers des Kuttelmetzgers verlobt war.

So geschah es, daß Chantal in das Atelier kam, in dem wir den Elefanten zusammensetzten.

Als sie zum ersten Mal probeweise auf dem Elefanten Platz nahm, brach der Rüssel ab. Chantal fiel mir in die Arme. Ich hielt sie etwas länger fest als notwendig war. Wir sahen einander in die Augen.

Bevor ich aber ein Wort hervorbrachte, legte sich mir eine dunkelbehaarte Hand auf die Schulter. Der Metzgervater hatte Chantals Bruder mitgeschickt. Als Bewacher. Selbstverständlich handelte es sich auch bei dem Bruder um einen Sizilianer. Auch er war im Metzgereigewerbe tätig. Der Umgang mit Rinderhälften hatte gewisse Muskelgruppen seines Körpers gekräftigt.

Ich trat zwei Schritte zurück und fiel über ein Jumbobein, das fertig zur Montage auf dem Boden der Werkstatt lag. Der sizilianische Bruder grinste. Chantal riskierte ein kleines Lächeln in meine Richtung. So ein Lächeln, von dem manche Schriftsteller behaupten, es *erblühe* auf den Lippen der Mädchen.

Kurze Blütezeit!

Jean-Luc versuchte, die geborstenen Rüsselteile wieder zusammenzufügen.

»Kann sie gehen?« fragte der Sizilianer.

Jean-Luc nickte.

Aus dem Augenwinkel sah ich, wie Chantals Zigeunerinnen-Rock sich bauschte. Die Tür fiel hinter ihnen ins Schloß.

Als vorgesehener Öler stand ich zu meinen Verpflichtungen. Ich half Jean-Luc, den Rüssel zu verstärken. Wir zogen ein Plastikrohr ein, umgürteten den Rüssel mit einer Schicht Maschendraht. Nächste Schicht: Glasfasermatte. Zum Schluß bestrichen wir den Rohbau mit Polyesterbrei.

Ein bißchen dick war der Rüssel geworden.

»Wie befestigen wir die Tülle am Schädel?« wollte ich wissen.

»Pas un problem«, sagte Jean-Luc, kein Problem. Beim Fischmarkt kannte er einen Klempner. Wir stiegen in Jean-Lucs Ente, Jahrgang neunundsechzig, deren abhandengekommene PS die Inschrift *Tournado* ersetzte, mit feuerroten Buchstaben auf die grüne Karosserie gepinselt.

Um es kurz zu machen: Wir verbrachten ein paar angenehme Stunden bei dem Klempner. Aus seinem Vorrat mausgrauer Sanitärröhren zimmerte er ein Plastikgebilde, das einem Dinosaurier als Rückgrat hätte dienen können. Wir öffneten das Verdeck der Ente und verstauten das Werkstück auf dem Rücksitz. Es ragte etwa zwei Meter über die Dachkante nach oben.

Unterwegs hatte ich die Idee, daß wir Chantal fragen könnten, ob sie morgen zu einer neuen Rüsselprobe bereit sei. Unglücklicherweise äußerte ich dies an einer Stelle, die Jean-Luc zwang, scharf links einzubiegen, um in die Altstadt zu gelangen. Hier senkt sich die Straße in einen Minitunnel, Durchfahrthöhe zwei Meter siebzig. Es gab ein schlürfendes Geräusch. Dann saßen wir fest. Der Röhrenbaum hatte sich an der Tunneldecke verhakt.

Wir sprangen aus der Ente und zerrten an unserem Rohrsystem. Hinter uns bildete sich ein Stau. Hupen. Einige versuchten, sich links an uns vorbeizuquetschen. Saßen sofort auch fest. Einer sprang aus seinem *Fuego* und beschimpfte uns. Er benutzte Vokabeln, die ich noch nie gehört hatte. Nachher mußte ich Jean-Luc fragen ... Jean-Luc lächelte oder er fletschte die Zähne, so genau war das im Halbdunkel des Tunnels nicht auszumachen. Er schrie zurück.

In diesem Augenblick bekamen wir den Baum frei. Wir legten ihn längs über die Ente. »Festhalten«, schrie Jean-Luc.

Eine nützliche Warnung. Er gab Gas, daß ich beinahe mit dem Gerüst hinten hinausgeschleudert worden wäre.

Die anderen überholen uns. Ihre Gesten lassen keine Irrtümer darüber aufkommen, was sie uns wünschen. Jean-Luc hängt sich eine Gauloise in den Mundwinkel.

Chantals Mama lädt uns zu einer Tasse Kaffee ein. Vater und Bruder sind unten im Laden. Chantal trägt ihren weißen Kittel. Er ist ein bißchen zu kurz. Sie hat interessante Beine. Keinen Hollywood-Verschnitt. Oder unpersönliche Elbeo-Gurken, wie sie die Strumpffabrikanten für die Werbung abbilden.

Ich, der Öler, bin verliebt in Chantals Beine. In die

ganze Chantal. La Mamma umgurrt uns. Sie spricht ein hartes Französisch, wie die meisten Italiener, die hier leben. Mama ist besorgt. Sie hat gehört, daß der Rüssel abgebrochen ist. Ob es denn nicht gefährlich sei ...? Jean-Luc beruhigt sie.

La Mamma ist wohlbeleibt. Man sieht noch, daß ihr Gesicht einmal schön war. Ein wenig schlampig ist sie. Die Füße stecken in Pantoffeln. Ich weiß, ich weiß! Auch Chantal wird eines Tages ... Aber ich will blind sein. Wer kann erraten, was in zwanzig Jahren ist? Es gibt Beispiele, daß Töchter aus der Art schlagen. Ich will an eine Zukunft mit Chantal glauben. Aber nicht an diese Zukunft, die Chantals Mutter verkörpert ... Ich höre, wie Jean-Luc Mama becirct: Keine Gefahr, nein. Alles unter Kontrolle.

Unten im Laden höre ich sie rumoren, die dunklen Männer, den Vater, den Bruder mit seiner haarigen Pratze.

Eines Nachts würde ich Chantal entführen. Auf dem weißen Elefanten.

»Träum nicht«, sagte Jean-Luc. Ich fahre zusammen. Auch Chantal zuckt zusammen. Sie sieht mich an. »Ich komme«, sagt sie. Jean-Luc verspricht der Mama, daß er auf die Tochter aufpaßt.

Wir gehen noch auf einen Pastis ins Café an der Ecke. Chantal steht wieder hinter dem Ladentisch der Kuttelmetzgerei. Aber sie schaut nicht zu uns herüber.

Ich schlafe unruhig in den letzten Nächten vor der Karnevals-Premiere. Nizza ist in Aufruhr. An der Place Massena montieren Araber Leuchtdekorationen. In Werkstätten, auf Höfen wird an den Prachtwagen gearbeitet. Ein Freund von Jean-Luc versucht uns zu übertreffen. Seinen Wagen schmückt ein riesiger Leopard, der Gilbert

Becaud quer im Rachen trägt. Auch Monsieur Tausend-Volt ist aus Pappe. Miß Frankreich trifft auf dem Flughafen Nizza ein. Jean-Luc gehört dem Festkomitée an. Ich begleite ihn zum Flugplatz. Miß Frankreich gibt eine Pressekonferenz im VIP-Raum. Sie ist erfreut, am Karneval in Nizza teilzunehmen. Alle sind erfreut.

Nur ich träume von dem sizilianischen Bruder, ich bin auf Armeslänge geschrumpft, er hält mich zwischen den Zähnen wie der Leopard Frankreichs Tausend-Volt. Chantal reitet auf einem Rüssel, der sich selbständig gemacht hat wie ein losgerissener Luftballon. Sie schwebt über den Dächern von Nizza. Ich rufe– »Chantal! Chantal . . .« Aber sie hört mich nicht. Sie wirft Kußhände. Die Zuschauer starren zu ihr hinauf, ein Meer von weißen Gesichtern, manche mit Spray-Luftschlagen behängt.

Tagsüber arbeiteten wir weiter am Elefanten. Es bestand kein Grund, anzunehmen, daß der Rüssel sich wieder selbständig machte. Er hatte alle Belastungsproben überstanden. Auch die entscheidende: Chantals Bruder hatte sich für einen Test zur Verfügung gestellt. Wenn der Rüssel ihn aushalte, meinte er, würde er auch Chantal tragen.

Ich stand, die Ölkanne in der Hand, neben Chantal, während ihr Bruder hochgehievt wurde. Langsam hob und senkte sich der Elefant mit Chantals Bruder auf dem Rüssel.

Von da konnte er nicht runter. Ich zog Chantal hinter Jean-Lucs Ente, die neben dem Elefanten parkte. Aber sie machte sich frei und lief zurück. Wütend drückte ich auf die Taste der Ölkanne. Ein kräftiger Strahl bekleckerte die Ente. Das Öl lief an einer Seite hinunter. Benetzte die

Buchstaben der *Tournado*-Inschrift. Jean-Luc brachte die Hydraulik in Ruhestellung. Chantals Bruder stieg vom Rüssel.

Wir probierten das gleiche mit Chantal. Der Bruder sah mich unter seinen zusammengewachsenen Augenbrauen wild an.

Nun war er da, der große Tag. Strahlend blauer Himmel. Die Balkone der Häuser und Hotels an der Promenade des Anglais waren dich besetzt mit Zuschauern. Tausende drängten sich auf dem Boulevard hinter den Absperrungen. Im Schrittempo rollten wir an ihnen vorbei. Der Elefant stellte sich auf die Hinterbeine. Beifall. Ich ölte. Neben uns schwankten die Pappköpfe. Wenn der Elefant seine höchste Position erreichte, sah ich Chantal im weißen Kleid auf dem weißen Rüssel.

Dann geschah es. Ein knirschendes, reißendes Geräusch durchlief den Elefanten. Als letztes sah ich den livrierten Portier des Hotels *Negresco,* und auf einem Balkon darüber Deutschlands Kulinar-Papst Wolfram Siebeck mit Begleiterin. Ich erkannte ihn, weil ich ihn erst wenige Wochen davor für Radio Monte Carlo interviewt hatte. Wie auf einem rasch vergrößerten, einem herangezoomten Photo-Ausschnitt sah ich, daß die Begleiterin als Collier ein antikes Hundehalsband trug, die metallenen Beschläge blitzten in der Sonne. Dann krachte der Elefant hinunter, sein Bauch öffnete sich, ich verlor die Ölkanne. Wie eine Schneelawine senkte sich der Elefant herab, ich sah, wie der Rüssel wiederum brach, die Arme streckte ich aus und ich umfing die Stürzende ... umfing Chantal.

Ich hielt sie fest, während der Papp-Elefant uns unter

sich begrub. In seiner dunklen, nach Leim und Plastik duftenden Leibeshöhlung küßten wir uns.

Was mit Jean-Luc, dem Wagen, dem Karnevalszug geschehen war, wußte ich nicht.

Wahrscheinlich war der Zug ins Stocken geraten, hatten Tausende aufgeschrien. Nach unendlich langer Zeit, wie mir schien, während wir einander immer noch umarmten, rissen Hände ein Loch in die Flanke des Gestürzten. In der Öffnung erschienen der Kopf eines Polizisten und der Kopf Jean-Lucs. »Ist etwas passiert?« fragte Jean-Luc. Ich schüttelte den Kopf. Aber das konnte Jean-Luc nicht sehen. »Alles unter Kontrolle«, sagte ich.

Später, als sie das Loch vergrößert hatten, krochen wir ins Freie. Massig lag der Elefant auf dem Pflaster. Aus seinem Rücken ragte die blanke Säule der Hydraulik. Der Zug bewegte sich weiter, an uns vorbei. Miß Frankreich winkte von ihrem blumengeschmückten Wagen. Sie trug ein langes blaues Glitzerkleid und eine weiße Schärpe mit der goldenen Aufschrift *Miss France.* Die Majoretten unseres Wagens saßen am Straßenrand auf dem Rinnstein. Auch von ihnen war keine zu Schaden gekommen.

Der Elefant hatte eines seiner Glasaugen auf uns gerichtet. Sein Schädel war in merkwürdiger Verdrehung abgeknickt.

Chantals sizilianische Metzgerfamilie erfuhr, daß wir miteinander unter dem Elefanten gelegen hatten.

Seit dem Karneval wohne ich in einem winzigen Hotel in der Rue Bonaparte, unweit vom Alten Hafen. Niemand kennt mich dort.

Manchmal streife ich durch die Altstadt. Aber in die Nähe des Kuttelmetzgers wage ich mich nicht.

Jean-Luc, der mich öfter besucht, meint, sei seien noch hinter mir her.

Der Wirt des Hotels, in dem ich wohne, hat eine sehr schöne Tochter. Eine hellhäutige, lichtblonde Schönheit. Sie heißt Ninette. Die Leute stammen aus der Normandie.

Blutrache ist dort, im Gegensatz zu Sizilien, unbekannt.

Vielleicht beim nächsten Karneval ...

Mathilde

Als sie klein war, nannten wir meine Cousine Mathilde das Zuckerpüppchen. Später wurde daraus Zuckerpuppe, und noch später gab es niemanden in der Familie, der nicht einfach sagte: Die Puppe.

Fremde sprachen, Mathilde betreffend, von der duften oder flotten Puppe, – und das war sie. Mathilde verwirrte junge Gemüter bereits im Backfischalter, – besonders meins und das meines Vetters Joachim. Von der Höhe unseres Baumhauses linsten wir zwischen den Ästen durch, wenn Mathilde auf ihrem Miele-Fahrrad in den Hof einfuhr. Die Speichen blitzten, ihre weiße Bluse blitzte, und da, wo die Knöpfe offenstanden, blitzte, was Joachim und mich am meisten an Mathilde interessierte. »Mann, hat die ein paar Dinger«, flüsterte Joachim, und Hochachtung klang aus seinen Worten. Sie war ein paar Jahre älter als wir und prägte unsere Vorstellung vom Weib auf lange Jahre. Wieder traf Joachim den Nagel auf den Kopf, wenn er feststellte: »Gegen Mathilde stinken die anderen Mädchen ab.«

Gebongt! Was lief sonst rum? Erika, schwarze Ponys aber vorne flach wie'ne Maurerkelle. Hannelore mit langweiligen blonden Zöpfen. Joachims Schwester zu klein. Man stolperte über Puppen und Puppenwagen und so'n Zeug. Schnappten wir uns mal die eine oder andere und banden sie an einem Baum, wie das beim Indianerspielen üblich ist, gab es Geschrei.

Mathilde anzubinden hatten wir nicht gewagt. Sie stand in Briefwechsel mit einem Matrosen, der auf einem Zerstörer fuhr, sein Bild hing über dem Sofa, auf dem Mathilde schlief, in einem Rahmen, der wie ein Rettungsring aussah.

Sie kam gerne zu uns: Laube und Garten, eine Oma, die Eierkuchen buk. Außerdem wir, zwei Bewunderer. Manchmal blieb sie jedoch tagelang fort, was uns in Mutmaßungen stürzte. Zog sie irgendeinen Halunken uns vor? Ließ sie für Wer-weiß-wen ihre Blusenknöpfe offen? Konnte eigentlich nicht sein, sie hatte ihren Matrosen, und dem war sie bestimmt treu. Sie aushorchen kam nicht in Frage, Mathilde hätte sich auf ihr Miele-Rad geschwungen und wäre beleidigt abgezwitschert. Sie war leicht beleidigt. Einmal habe ich gesagt, daß ihr vom Marmorkuchen ein Krümel vorne reingefallen ist, ich wüßte allerdings nicht genau, ob ein heller oder dunkler. Ihr hättet Mathilde hören sollen! »Was geht dich das an?« kreischte sie, und noch mehr Kuchen bröselte ab. »Hast du ein Recht auf meinen Ausschnitt, du Würstchen? Wo kommen wir hin, wenn die Zwerge keß werden? Puhl dir in der Hose, ob du da ein Krümelchen findest.«

Dergleichen. Da hielt man am besten die Klappe, bis sie sich beruhigt hatte. Sie fischte dann auch mit den Fingern nach dem Krümel, schüttelte sich. Joachim und ich grinsten uns an, aber nur schräg, ganz kurz. Damit sie es nicht merkte.

Manchmal gingen wir sie besuchen. Ihr Vater, Onkel Hubert, arbeitete bei Schultheiß als Bierfahrer und brachte für uns Kinder Malzbier mit nach Hause. Mathildes Mutter, Tante Marga, sah aus wie die Fewa-Anna – jeder wird sich an das Waschmittelpaket erinnern mit der dikken Frau drauf die Mittelscheitel trug und in weiten Röcken steckte. In den Händen hielt die Fewa-Anna ein Fewa-Paket, auf dem die Fewa-Anna abgebildet war, die in den Händen ein Paket hielt auf dem die Fewa-Anna ... und so fort. Man konnte sich vorstellen, daß die tausendste Fewa-Anna unter dem Mikroskop noch sichtbar war.

Ich wollte sagen, daß Mathildes Mutter also Ähnlichkeit mit dieser Fewa-Anna hatte, nur hielt sie kein Waschmittelpaket in den Händen.

Die Wohnung, in der sie lebten, war winzig, vier Treppen hoch gelegen, man ging über eine Art Brücke vom Treppenhaus zur Wohnungstür, an einem Stück Dach mit Regenrinne vorbei. Das Küchenfenster führte auf diese Brücke hinaus. Ich glaube, das Geländer hatte Tante Marga mit Blumenkästen geschmückt. Im Sommer sah das nett aus, dafür konnte man im Winter Mathilde oder Onkel Hubert auf der Brücke beim Schneeschippen antreffen. Im vierten Stock! Den Schnee warfen sie in den Hof, einen dunklen Schlund, was unten war sah man gar nicht.

Möglichst gingen wir zu Mathilde, wenn Onkel Hubert nicht da war. Seinen Händedruck hielt niemand aus. Er besaß Pranken aus Stahl, trainiert vom Fässerabladen. Einmal hat er Mathilde verprügelt, sie dabei ganz locker am Arm gehalten. Ein blaues Band zog sich um den Arm, wochenlang. Wir ließen es uns von Mathilde zeigen.

Sie zeigte uns allerhand darüberhinaus; wie sie ihre Wäsche fein ordentlich in die Schubladen der Kommode verstaute, lauter Sachen aus dünnen, glänzenden Stoffen mit Trägerchen dran. Wir machten Stielaugen. »Ja, von

Mathilde könnt ihr Ordnung lernen«, grunzte die Fewa-Anna. Dermaßen naiv waren damals die Erwachsenen. Joachim kniff mich in den Arm.

Damals gab es keine Video-Kassetten, von der Sorte, wie sie sich Volljährige reinziehen, wenn sie glauben, die Kinderchen pennen. Und es gab auch nicht Magazine wie *Playboy* und so was. Wir tappten, diverse anatomische Fragen betreffend, ziemlich im Dunkeln. Eine Cousine wie Mathilde war uns wirklich eine Hilfe, man sah, was vorne dran war, und die Sachen wurden richtig eingesetzt. Jedenfalls nehme ich das an, denn wenn Mathildes Fahrrad auf dem Hof am Geländer lehnte, bestand der Schrippenjunge darauf, daß er den Schrippenbeutel ins Haus brachte. Sonst ließ er ihn in den Briefkasten beim Tor plumpsen.

Und Sonntags. Bei uns trafen sie sich gerne. Unter'm Pflaumenbaum der runde Gartentisch, Bier im Eimer gekühlt. Oma tafelte auf. Mathilde, im Badeanzug, schritt über den Rasen. Die übrigen Onkel verdrehten die Hälse, daß man dachte, man ist in einer Truthahnkolonie. So rote Köppe wie die Puten kriegten sie auch. Meine Mutter murmelte dann wohl: »Was gibt's denn da zu sehen?« Aber das nützte nichts.

Wir hatten diese Wahnsinnspuppe in der Familie, später sagte man Sexbombe dazu. Wie es um Mathildes Sexualleben stand, wußte ich nicht; ich besprach das auch nicht mit meinem Vetter. Solche Themen waren vielleicht nicht tabu, aber wir warteten in dieser Richtung mit totaler Mattscheibe auf; da lief nichts. Null Ahnung, Herr Lehrer. Vielleicht hatte sie richtig was mit diesem Zerstörer-Matrosen, aber das stellten wir uns lieber nicht vor, selbst im Rahmen unserer Möglichkeiten nicht. Wo denn auch? Auf der lächerlichen Couch da oben in der Bude unterm Dach?

In jenen Tagen erwachte Großdeutschland; wer nicht erwachte waren Joachim und ich. Wir erlebten Ruhm und Zusammenbruch als Transusen, in Gefahren schwebend, die wir nicht wahrnahmen. Die Erwachsenen drehten nicht mehr die Hälse, obwohl Mathilde immer gewagtere Badeanzüge trug, dazu Sonnenbrillen in Herzform, mit breitem weißen Rand, wie später Lolita in dem Film. Onkel Hubert und mein Vater dienten dem Volk. Joachim und ich dienten ebenfalls dem Volk, aber erst zum Schluß, folglich nur ein bißchen. Unser Jahrgang war nicht gefragt. Mathilde erlebten wir als Arbeitsmaid. Ihre Bluse war nun blau, glaube ich, doch die Knöpfe vorne standen nach wie vor offen. Das mochte ein Verstoß gegen die Dienstvorschrift gewesen sein, hübsch war es auf alle Fälle.

Ihr Matrose fuhr auf dem Zerstörer nach Narvik, dort ging der Zerstörer unter, und man hörte nichts von dem Mann. Später wurde mitgeteilt, er sei den Heldentod gestorben. Mathilde trug ein paar Monate lang schwarz, nur bei den Strümpfen nicht. Sie fühlte sich als Kriegerwitwe. Sie war dienstverpflichtet. Sonntags saßen blasse Fronturlauber auf ihrer Couch. Wir gingen nicht mehr hin. Das Baumhaus war abgerissen, die Bretter dienten der Absteifung eines Luftschutz-Splittergrabens im Garten.

Ich muß auf die Strümpfe zurückkommen. Wenn ich behaupte, Mathilde habe schöne Beine, so ist das gewiß richtig. Der Nachteil ist nur, daß ihre höher angebrachten

Attraktivitäten den Blick ablenkten. Sie hätte mit den allerkessesten Nylons, glaube ich, nichts daran geändert, wie denn auch aus gleichem Grund ihr Gesicht nicht die Hauptrolle spielte.

Soweit ich mich erinnere, trug Mathilde weiße Söckchen, sommers wie winters. Mag sein, daß sie im Winter lange Strümpfe trug und drüber, zusätzlich, die Söckchen. Aber die Söckchen, von der Art, die von den Schuhen gefressen werden, wenn man längere Strecken läuft, – jeder kennt das. Dann ballt sich der Strumpf unter dem Fuß zusammen, ist durch Ziehen und Zerren allenfalls für Minuten in der richtigen Lage zu halten.

Wir besaßen eine schwarze Katze mit weißen Pfötchen. An die mußte ich immer denken, wenn ich Mathilde auf die Söckchen sah. Joachim, dem ich das einmal sagte, meinte, dann hätte ich nicht oft an die Katze gedacht.

Wohl, wohl, wie Onkel Hubert gerne ausrief. Mathilde beherrschte Schreibmaschine und Steno, auch Fremdsprachen, besonders Englisch. Man muß nicht denken, daß ein Mädchen doof ist, bloß, weil es vorne 'ne Menge baumeln hat. Im Gegenteil – jedenfalls, was Mathilde anbetraf. Sie setzte Kenntnisse und natürliche Waffen ein. Kaum schritt der Sieger aus Übersee Kaugummi mümmelnd über unsere Straßen, stellte Mathilde sich zur Verfügung. Quartermaster, was so ähnlich wie Quartiermeister ist, eine Einheit, die sich um Nachschub, Unterkunft und alles kümmert, was damit zusammenhängt. So erklärte es mir Mathilde, ich traf sie zufällig. Sie mischte englische Wörter in ihr Deutsch, war chic in Schale, wieder vorne zwei Knöpfe auf. Möglicherweise drei. Wir waren ein besiegtes Volk.

Ich erinnerte mich an Mathilde, als mein Freund Harald aus russischer Kriegsgefangenschaft zurückkam. Zu jener Zeit wohnte ich, unser Haus war zerstört, in unserer alten Wohnlaube in der Kolonie Tausendschön. Alle waren arm, man half einander. Harald mußte was auf die Rippen bekommen, also dachte ich, daß ich zu Mathilde gehe und sie frage, wie man einen Job bei den Amis bekommt. Karte eins, und mittags was extra. Mathilde wohnte jetzt in Steglitz, Filandastraße eins. Sie hatte eine richtige, heile Wohnung gefunden, teilte sie mit sieben anderen Mietern. Ein Typ machte auf mit Nickelbrille. Soldaten-Unterhemd. Ich guckte, ob er die Erkennungsmarke um den Hals baumeln hatte, aber da war nichts. Aus der Küche quollen Düfte.

»Zu Mathilde woll'n Se?« Er lachte. Wieso lachte der Esel? »Hinten rechts, die letzte Tür«, sagte er und trat zur Seite.

In dem Zimmer waren die alten Tapeten an den Wänden, Lilien auf blaugrauem Grund. Die Lilien wiederholten sich ewiglich, bis hinauf zur Decke in etwa vier Meter Höhe. Von einem eisernen Ofen führte ein Rohr hoch oben in den Schornstein. Einige Fensterscheiben waren durch Röntgenfilme ersetzt, da sah man Knochenwirbel, einen Unterkiefer mit Metallzahn, ein Projektil, das in einem Schädel steckte.

Mathilde lag im Bett, amerikanische Magazine über die Steppdecke gestreut. Sie rauchte. Auf dem Fußboden stand ein Tablett mit einer Kaffeetasse drauf und einer Büchse mit Maxwell Instant Coffee. Diese Brüste, fast vergessen, wogten unter dem fast durchsichtigen Stoff eines rosa Nachthemds, das – Mathildes Markenzeichen –

vorne ein bißchen offenstand. Auf dem Kopf wucherten Papierröllchen mit roten Schießgummis, eine Art Ersatz-Lockenwickler.

»Ach, du bist es«, sagte sie. »Setz dich. Hier aufs Bett.« Ein trefflicher Vorschlag, denn auf jedem Stuhl lagen Klamotten von ihr. Es roch nach Parfüm. Sie bot mir eine Amizigarette an. »Erst schenkt er ihm ’ne Chesterfield – dann macht er seine Schwester wild« zog sie den ollen Witz ab. »Was führt dich zu mir?«

Ich erzählte ihr von Harald.

»Der Weißblonde? Der Albino?«

»Genau. Harald ist aus russischer Gefangenschaft zurück. Man muß was für ihn tun.«

Mathilde wälzte sich auf die andere Seite, wie der Seelöwe, den wir als Kinder im Zoo besucht hatten. Ihre Brüste gerieten ins Wogen, sie schob den linken Unterarm darunter. »Was für ihn tun«, sinnierte Mathilde. »Weißt du, für wen alles man was tun muß? Mein Vater, dein Onkel Hubert, muß jeden Morgen um sechs im Tiergarten sein, aufräumen. Brauerei ist nicht mehr, wo er Fachmann wäre. Und ich jobbe bei den Amis, für einmal Fressen mittags, und manchmal schenkt mir einer von den Boys ’ne Stange Zigaretten oder einen Doughnut, meistens nur, wenn er mit mir pennen will.«

»Und?«

»Was heißt und?« Mathilde sah mich an und stieß Rauchwolken aus. »Will ick mit jedem pennen? Die soll’n sich ihre Pimmels in Dollarscheine einwickeln, ’s laufen genug Nutten rum, die mit denen ins Bett kriechen. Muß ich nicht auch noch, wie? Vielleicht komme ich ohne Kaninchenmantel durch den Winter.«

»Ist ja nicht so gemeint.« Ich stand auf und sah aus dem Fenster, durch eine heile Scheibe, an den Röntgenbildern vorbei. Gepflegte Steglitzer Gegend. Vorgärten mit Eisengittern. An den Hausmauern Spuren von Geschoß-und Bombensplitter-Einschlägen. Auf den Trottoirs nur alte Frauen. Ich sah Mathilde an, die ein Schmollmündchen machte. »Irgendwas muß man für Harald tun.«

»Faß dir an die eigene Neese«, sagte Mathilde. »Wie's blühende Leben siehste ooch nicht aus. Komm mal wieder näher.« Sie klopfte mit der Hand aufs Bett. Ich setzte mich auf die Kante. »Was kümmerst du dich um Harald?« fragte sie. »Du solltest daran denken, daß aus dir was wird.«

Direkt mütterlich. Sollte ich ihr an den dazu passenden Busen sinken? »Das ist jetzt unwichtig«, sagte ich. »Harald ist am Verhungern.«

Wir redeten hin und her, einmal wühlte sie sich aus dem Bett und setzte Kaffeewasser auf; wir fanden eine zweite Tasse und tranken Pulverkaffee. Der Kaffee roch unsinnig gut. Alles roch hier unsinnig gut.

Schließlich fiel Mathilde ein, daß dieser Quartermaster Kohlenschipper suchte. Ganz miserabel, dachte ich, war diese Cousine nicht. Als ich ging, schenkte sie mir eine Stange Zigaretten und zwei Paar Nylonstrümpfe, »für deine Braut.« Ich errötete, denn damals war ich verliebt in Gigi, ein paar Lauben weiter.

Na ja. Mathilde trug weiße Söckchen. Die Nylons brauchte sie nicht. Immerhin brachten wir Harald wie geplant unter. Aus Dankbarkeit luden Haralds Eltern Mathilde und mich zu einem Umtrunk ein. Mathilde rauschte an, aufgetakelt wie ein Viermastschoner für großen

Törn. Ums Handgelenk trug sie eine Mickymaus-Uhr, Geschenk eines ihrer transatlantischen Verehrer, den sie möglicherweise genau so wenig ans Höschen ließ wie die anderen Quartermaster-Heinis. Falls ihr Halbjungfrauen-Gefasel stimmte.

Mathilde besichtigte meine Laube, rümpfte die Nase, sagte aber nichts. Auf Omas Vertiko stand eine Peking-Ente aus Porzellan, die ich aus den Trümmern unseres Einfamilienhauses gerettet hatte. »Wo iss'n der Schnabel?« fragte Mathilde. »Der liegt noch unter den Resten unseres Heims«, sagte ich. »Jedoch, - ich suche weiter.«

Der Schnabel war ab. Kann vorkommen. Ich hing an der Ente, zu Hause hatte sie auf der Sofa-Umrandung gestanden.

Bei Haralds Eltern gab es Stachelbeerwein, eigener Anbau. Sie ließen die Beeren in Tonkrügen gären und versetzen das Gebräu mit Weinstein und reinem Alkohol, *spiritus fini,* aus der Apotheke. Mathilde verabschiedete sich bald, »wegen Bauchweh.« Als ich eine Stunde später nach Hause kam, saß sie bei mir auf dem Klo, die Tür halb offen, das Höschen unterhalb der Knie zwischen den Beinen gespannt.

»Was hast du für Freunde?« beschwerte sie sich. »Haben die Eingeweide aus Gußeisen?«

Ich machte die Klotüre zu. Ziemlich angeschlagen kam sie dann ins Zimmer: »Kann ich bei dir übernachten? Ich bin zu schwach, um nach Steglitz zu fahren.«

Ich bot ihr mein Bett an. Auf der Veranda stand ein Feldbett, auf dem konnte ich schlafen. Wir hörten ein bißchen AFN, Mathilde saß in Großmutters Samtsessel, ebenfalls aus den Trümmern gerettet, und paffte. Schließlich zog sie sich aus und ging ins Bett. »Wir sind doch erwachsen«, sagte sie. »Auf der kalten Veranda holst du dir den Tod. Komm her.«

Ich legte mich neben sie, der scharfen Waffen in meiner unmittelbaren Nähe bewußt. Aber ich liebte Gigi, und dies war meine Verwandte. Nicht mehr.

Am Morgen stand Gigi vor unserem Lager. Die Nylons, von Mathilde gestiftet, zumpelten an Gigis mageren Beinen. Gigi riß mich an den Haaren: »Wer ist die Zicke?« rief sie.

Mathilde sprang aus dem Bett. »Selber Zicke«, schrie sie zurück. »Mensch, Junge, was hast du für'n Umgang? Nich mal *overnight* kann man bei dir bleiben.« Sie suchte ihre Sachen zusammen. Drehte Gigi den Rücken zu. Ich sagte zu Gigi: »Das ist meine Cousine.«

Mathilde verließ uns. Gigi sah mich an. »Cousine am Arsch«, sagte sie.

Dann war ich allein.

Um es kurz zu machen: Einer von den Quartermasterhelden angelte sich unsere Tittenliese. Sie wurde in Frankfurt mit anderen Amibräuten in eine Art Lager gestopft, dann mit einem Liberty-Schiff nach Amerika gekarrt. Der Ami, der sie geheiratet hatte, markierte den reichen Makker, die Familie besaß, sagte er, drüben eine Ladenkette. Alles paletti, dachten wir. Aber Pustekuchen. Eines Tages kam Onkel Hubert vorbei. Mathilde hatte geschrieben. Luftpost-Leichtbrief aus Scottsbluff, Nebraska. Der Brief ging so:

Lieber Papa, alles Scheiße, deine Emma. Entschuldige diesen Anfang, aber es ist wirklich ein Käse. Wir haben zwar in Frankfurt geheiratet, wie wir es vorhatten, und alles war auch prima. Aber erst mal durfte ich nicht mit Bob in dessen Quartier, obwohl er schon am nächsten Morgen abfuhr in die Staaten. Also kam er mit zu mir, aber da waren die anderen Mädchen, die einen irren Hokuspokus abzogen, mit Reiskörnern nach uns schmissen usw. Und um eins war *Curfew* (Zapfenstreich), sowieso eine Stunde verlängert für Bob, aber auf einmal mußte er weg und in die Kaserne. Am nächsten Tag kam er, um sich zu verabschieden, aber hatte nur ein paar Minuten Zeit, und zum Flugplatz durfte ich nicht mit. Die anderen Mädchen trösteten mich, sie hatten das alles noch vor sich, aber ich heulte wie ein Schloßhund. Zwei Wochen saß ich in Frankfurt herum, in so'ner Amikolonie, sah keinen Deutschen, außer ein paar anderen Mädels. Wir gingen zusammen im Supermarkt einkaufen, es gibt da natürlich alles. Aber sie passen scharf auf, daß es nicht an Deutsche kommt. Ich wollte Euch ein Paket schicken, war aber Essig, Sie kontrollieren alles, wenn man die Siedlung verläßt. Die Posten schnüffeln sogar die Handtaschen durch. Nach zwei Wochen bekam ich Bescheid, ein Sammeltransport deutscher Frauen sollte nach Cuxhaven gehen. Sie luden uns in Amibusse, das Gepäck kam extra. In Cuxhaven waren wir an die dreihundert Amibräute, alles Deutsche, stell Dir vor! Alle verheiratet, aber ohne die Männer. Auf dem Liberty-Schiff, in das sie uns stopften, gab es für dreißig Frauen ein Klo. Achtzehn Frauen in einer Kabine. Die Mannschaft war ganz schön beschissen zu uns, sie behandelten uns wie die letzten Nutten. In New York mußten wir noch einen Tag und eine Nacht auf dem Schiff bleiben. *Medical control,* Einwanderungspapiere und all der Scheiß. Alle Frauen wurden auf Geschlechtskrankheiten untersucht. Wie eine Gruppenreise für Tripperjulen aus der Frankfurter Kaiserstraße. Ich bat um die Erlaubnis, Bob anzurufen, weil er mich in New York abholen wollte, aber sie sagten, das geht nicht. Ohnehin hätte ich irres Schwein, daß ich aus dem zertrümmerten Deutschland raus bin. Dann durften wir endlich vom Schiff, aber sie karrten uns gleich in Hotels, wo wir wieder zwei Tage warteten. Wir durften nicht raus, aber immerhin konnte ich mit Bob telefonieren. Sie ließen ihn nicht aus seiner Kaserne. Endlich kam er, und wir hauten ab. Flugplatz, rein in die Maschine, Richtung Nebraska. Bob war unheimlich lieb. Aber als wir in Scottsbluff landeten, kam der zweite Hammer. Seine sogenannte Ladenkette besteht aus fahrbaren Würstchenbuden, Hamburger- und Hot-Dog-Verkaufsständen, in der Stadt und an Ausflugszielen im Gebirge. In der Nähe ist das Cheyenne-Gebirge. Es heißt nach irgendwelchen Indianern. Nicht sehr hoch, eher wie der Schwarzwald. Egal, die Würstchenbuden sind verpachtet. Es ist sicher ein gutes Geschäft. Aber unter Ladenkette habe ich mir was anderes vorgestellt. Alles gehört Bobs Vater. Er und Bobs Mutter haben mich vielleicht angeguckt! Als ob ihr Sohn eine Aussätzige geheiratet hätte! Bob sagt, ich soll mir nichts draus machen, aber er ist wieder weg, in der Kaserne, unten in Texas, wo seine Einheit inzwischen stationiert ist, und ich sitze bei den Alten. Der Vater zählt Geld und guckt mir auf die Titten. Die Mutter ist im mehreren Wohltätigkeitsvereinen, hat irre zu tun. Ich muß ihr alles einkaufen, und was ich bringe, ist ihr nicht recht und zu teuer usw. . . .«

Ich erzählte Joachim von dem Brief. »Du kannst schon

mal im Bett auf die Seite rücken«, sagte er. »Mathilde kommt wieder . . .«

Gewonnen. Mathildes augenblickliche Adresse: Filandastraße eins . . .

Die Winsch

Für Wochenenden und Ferien hatten sie ein altes Haus mit Schilfdach gemietet, in einem kleinen Ort, der sich zwischen Neusiedler See und dem Leithagebirge duckte, nur eine knappe Autostunde von Wien entfernt. Bald formierte sich dort eine Kumpanei, deren Kern wie die Crew eines Brandungsbootes zusammenhielt: Ernesto mit seinem Segelboot, das er von Podersdorf an den neuen Pier verholte, Bül-Bül, verkrachter Doktor der Philosophie und leidenschaftlicher Geschichten-Erzähler, und Otto der Gewaltige, der einmal im Morgengrauen vierzehn Spiegeleier verschlang. Alle nannten sie die drei Musketiere. Im Schlepptau reisten stets ein paar hübsche Mädchen mit an, von den Musketieren mit der verallgemeinernden Bezeichnung »Schnurzel« belegt. Es waren fast immer wieder neue Mädchen, nur zwei hielten sich und kamen öfter: Der »Honigtopf«, ein blondes Geschöpf, das anmutig die Panflöte blies, und ein schwarzhaariges, sehr dickes Mädchen, die »Türkin« genannt. Ernesto hatte den Honigtopf mitgeschleppt. Die Türkin hatten Bül-Bül und Otto bei ihrem Onkel aufgegabelt (jedenfalls behauptete sie, daß es ihr Onkel sei). Der Onkel, ein »wahrscheinlich echter Graf« wie Bül-Bül meinte, bewohnte eine düstere Zwanzig-Zimmer-Wohnung am Wiener Heumarkt. Bis die Türkin ihr Lager dort aufschlug, war sein einziger Lebensgefährte ein listiger Jagdhund, der es liebte, an die Stilmöbel zu pinkeln. Als Abwehrmaßnahme hatte Onkelchen Tabletts und Bretter aus Bücherregalen schräg an die Möbelbeine gelehnt, und er genoß das große Glück, daß der Hund diese Faschinen annahm.

Der Graf kam nie mit zum Neusiedler See, was gut war, denn es hätte ihm kaum gefallen, was seine echte oder vorgebliche Nichte dort trieb. Bül-Bül stellte sie gerne zur Schau, »so ein herrlich festes Schnurzel«, wie er sagte, und hatte es gerne, wenn Besucher das pralle Mädchen betasteten, wie eine reife Melone auf dem Markt.

Die Wochenenden begannen damit, daß sie zu ihrem Nachbar, dem »Salzerrudi«, in den Keller stiegen, um sich einen Fünfzig-Liter-Ballon mit Wein füllen zu lassen. In Salzerrudis Keller lagerten zwölf oder vierzehn Fässer, und es war schwer, eine Entscheidung zu treffen, welcher Wein zu diesem speziellen Wochenende paßte. So probierten sie die Fässer eines nach dem anderen durch. Rudi stieg mit dem Gummischlauch auf die Fässer und »ließ laufen«. Er bestand darauf, daß die Schnurzeln auch im Keller blieben, von Bül-Bül durch ermunternde Zurufe wie »Schraps, Schnappo« angefeuert, von Ernesto mit funkelnden Blicken bedacht. Nur Otto der Gewaltige zeigte wenig Lebenszeichen, er lehnte sich an ein Faß, öffnete den Mund zu einer Art riesiger rosa Tülle und ließ hineinlaufen, was kam. Am liebsten wäre er direkt an den Schlauch angeschlossen worden.

Draußen dröhnte die Sonne, der Neusiedler See hat bis ans Leithagebirge heran Mittelmeerklima, die Sommer sind afrikanisch, und bis tief in den Herbst hinein kann man im See baden. So bilden die vielen Weinkeller überall in den Orten ideale Zufluchtstätten.

Wir überstürzten nichts. »Der Müller-Thurgau«, murmelte Salzerrudi, »ihr müßt ihn probieren. Hui, der wird den Damen den Kopf verdrehen.« Er schaute Honigtopf und Türkin verwegen an, oben vom Faß her, den roten Gummischlauch im Mundwinkel. Die Türkin machte Kuhaugen. Honigtopf lachte, wobei sie spitze kleine, ein wenig unregelmäßige Zähne enthüllte. »Eine Maus«, pflegte Ernesto dann düster zu sagen. »Sie ist eine Maus, die Panflöte spielt.«

Endlich hatten sie die Entscheidung getroffen. Salzerrudi füllte den Ballon, Otto der Gewaltige nahm ihn auf die Arme und trug ihn die Kellerstiege hoch nach draußen. Mit einem Schubkarren transportierten sie den Wein in die kühle Rauchkuchel. Salzerrudi folgte, die Hände ringend, wenn sie die Kurven zu schnell nahmen. War der Wein abgeladen, sagte er: »Jetzt wollen wir probieren, ob er den Transport überstanden hat.«

Solche Unternehmungen führten dazu, daß sie am Spätnachmittag Ernestos Boot in einem Zustand erreichten, der das Segeln zu einem gewaltigen Erlebnis werden ließ. Ernestos Boot war mit allen Schikanen ausgerüstet, die Winschen liefen automatisch, auch die Fock war vom Cockpit aus zu setzen. Obwohl es ein ziemlich großes Boot (mit Viermannkajüte) war, hätte man es notfalls auch alleine segeln können. Aber das kam nie vor.

Auch bei einem Boot mit so viel technischem Klimbim muß man wissen, in welcher Richtung die Leinen laufen. Damit hatten sie regelmäßig Schwierigkeiten, und gewöhnlich konnten sie erst auslaufen, wenn sie die Schnurzel aus auf sie niederstürzenden Segeln befreit hatten. Endlich machte dann der Kahn Fahrt, hier wehte immer ein guter Wind, Ernesto sah aus wie Columbus mit dem Fernrohr, wenn er zufrieden die Doppelliter-Flasche ansetzte und den ersten tiefen Bord-Schluck nahm. Die Schnurzel lagen dann schon nackt am Vorderdeck und sonnten sich, und Ernesto behauptete, daß er über ihre Arschritzen als Kimme den Kurs festlegte »Das ist Navigation«, sagte er. Honigtopf ließ sie dann zuweilen auch ihre Vorderseite sehen, setzte die Panflöte an die Lippen und flötete eine sehnsüchtige Melodie über den See, die untermalt war vom Rauschen des Wassers am Kiel ihres Bootes. Über ihnen zogen dann wohl die Störche dahin. Im Herbst sammelten sich graubrüstige Wildgänse in der Luft, bevor sie nach Süden zogen.

Wenn Honigtopf zu flöten aufhörte, erzählten Ernesto oder Bül-Bül Geschichten, die alle mit dem Satz begannen: »... da waren wir einmal irrsinnig betrunken.« Und wenn sie sehr fröhlich waren, führten sie an Bord den Einakter *Die roten Teufel* auf, der mit dem Chorgesang: »Auf der blauen Donau schwimmt ein Krokodil« endet. Das war gewöhnlich nach dem dritten Doppelliter. Um diese Zeit übernahm Otto der Gewaltige die Pinne; er saß dann, in Jeans und Möbelträgerhemd, im Cockpit, sagte kein Wort, außer daß er den Mädchen befahl, auf dem Vorschiff zu bleiben, denn sein Gewicht so weit achtern gefährdete die Trimmlage des Bootes. Ernesto saß im Schneidersitz unter dem Großbaum, schwang die Flasche, sang mit Bül-Bül das Krokodillied und sah wohlgefällig zu, wie die Leinen durch die Winsch-Automatik liefen. Er war stolz auf seinen Kahn, einen Prototyp, den ein paar helle Jungs in Podersdorf gebaut hatten. Das Ding sollte bald in Serie gehen, behauptete Ernesto:

»Alle werden mit so einem Boot segeln. Aber wir sind die Ersten.« Die Türkin machte wieder ihre Kuhaugen, Honigtopf lächelte mit Spitzzähnen.

Am Neusiedler See kommen Stürme plötzlich auf, »von Ungarn herüber«, wie die Einheimischen behaupten. Während das Schiff noch durch ruhiges Wasser pflügt, sieht man in einigen hundert Meter Entfernung plötzlich die Wellen sich kräuseln. Wenige Minuten später erfaßt die erste Bö das Boot. Sie hatten das oft erlebt, aber es störte sie nicht sehr. Schnell zerrten sie dann die Schnurzel vom Vorderdeck ins Cockpit, die Segel gaben, dank der automatischen Winsch, von selber Raum, Otto der Gewaltige nahm in aller Bierruhe eine kleine Kurskorrektur vor, und Bül-Bül rettete die Weinflaschen, bevor das Schiff sich auf die Seite legte. Dann klotzen sie weiter über den See, der schnell hohe Wellen bekam. Da er fast an keiner Stelle tiefer als anderthalb Meter ist, mußten sie nur aufpassen, daß sie nicht mit dem Schwert aufsetzten. »Schraps, Schnappo«, schrie dann Bül-Bül in den Wind. Otto schloß lässig zwei oder drei Hemdenknöpfe, und weiter ging die rasende Fahrt.

Meistens legte sich gegen Abend die Brise. Wenn sie in den Hafen einliefen, wagten sich die Tretboote und Ruderboote noch für ein halbes Stündchen hinaus. Die Schnurzel plätscherten, ehe sie festmachten, im seichten Lößwasser des Schilfgürtels, »weil das der Haut gut tut«. Regelmäßig gegen Abend tauchte ein reiferes Mädchen mit Rennrad auf dem Damm auf, mit sehr heißen Strickhöschen und oben offenen Rallye-Handschuhen, eine Dame augenscheinlich aus höheren Kreisen, von Bül-Bül das »Uralt-Schnurzel« genannt. Wir sahen eines

Sonntags, als wir im Morgengrauen in See stachen, das Uralt-Schnurzel sich auf einem Tretboot winden, das am Schilfgürtel ankerte. Vor ihr, bis zu den Arschbacken im Wasser, stand der ortsansässige Künstler Gottlieb Renkendorf und vögelte sie wütend. Das Uralt-Schnurzel war in voller Montur, Gottlieb mußte ihn ihr von seitwärts ins heiße Höschen gesteckt haben. Sogar die Handschuhe hatte sie anbehalten, diese halben Rallye-Dinger. Wir fuhren in gebührendem Abstand vorbei. Rings ums Tretboot war der Schlamm aufgequirlt, Gottlieb schaute wild wie ein Faun über die Schulter, machte aber weiter. Uralt-Schnurzel aus höheren Kreisen hatte die Augen geschlossen. »Morgenstunde hat Schlamm im Munde«, sagte Ernesto. Er schwang die Doppelliter-Flasche gegen die Sonne und nahm einen tiefen Schluck, bevor er das Ruder herumwarf.

Die Kernmannschaft stand den Sommer gut durch. Die Musketiere und ihre Mädchen gaben Feste für die vielen Besucher, die aus Wien kamen. Ottos entfernte Freundin Nadine sahen sie im Mondschein auf dem Rinnstein der Dorfgasse sitzen. Hörten sie rufen: »Ich bin ein Opfer meiner Luscht!«. Nadines Freundin Marie fiel in die Hütte des Bernhardiners Barry und bestand darauf, dort zu übernachten, was der gutmütige Bernhardiner auch duldete. Bül-Büls kleiner Neffe ging vorübergehend in den Weinkellern des nächsten Ortes verloren. Die Einheimischen kamen oft zu Besuch und sangen dreistimmig Beerdigungslieder - andere konnten sie nicht.

Im September ließ Otto das Super-Spielmädchen Billie einfliegen. Billie war braungebrannt wie eine Piz Buin-Reklame. Sie kam gerade von den Bermudas, wo sie mit irgendwelchen Jet-Set-Peoples Ferien gemacht hatte. Sie redete von den Leuten nur per Vornamen (»Samstag kam Jeanny mit seinem Lear Jet«). Hier nahm sich niemand die Mühe, nachzufragen, wie die Berühmtheiten weiter hießen. Die Bermudas waren allen ziemlich egal. Ernesto beäugte Billie mit funkelnden Augen und griff ihr zuweilen an die Brust, wogegen weder Billie noch Otto der Gewaltige etwas einzuwenden hatten, Salzerrudi spritzte sie im Keller ein bißchen mit Wein an, und Bül-Bül sagte mit Hochachtung in der Stimme: »Schraps, Schnappo!«

Billie führte neue Variationen des Nacktlebens an Bord ein, sie verknotete ihre Bikiniteile in den Wanten und ließ sie im Winde flattern, versuchte Otto die Hosen auszuziehen, was mißlang, und rutschte mit ihrem knakkigen Hinterteil dauernd vor aller Augen umher, weshalb Ernesto murmelte: »Ich werde blind!«

Einschneidende Erlebnisse, an denen Billie nicht unschuldig war, hatten eine neue Epoche in Ernestos Leben eingeleitet. Die beiden waren eines Samtags um zwei Uhr nachts in einen Keller in St. Margarethen eingefallen. Die Wirtin wollte gerade schließen, aber Billie verspürte Hunger. Ernesto bot zweitausend Schilling für ein Schmalzbrot. Er bekam es, Billie aß es, und dann »vergaß« Ernesto zu bezahlen. Unglücklicherweise waren noch Einheimische in dem Keller. Sie packten Billie, schmissen sie nach oben durch die Luke, dann verwalkten sie Ernesto, bevor er wie eine trunkene Fledermaus den gleichen Weg nahm. Draußen fanden sich die beiden im Staub sitzend wieder. Ernesto schwoll zu. Billie hämmerte mit der Faust auf den Boden und rief: »Die ficke ich zusammen.

Die Schweine ficke ich alle miteinander zusammen!« – Glücklicherweise machte niemand von diesem Angebot Gebrauch.

Salzerrudi besaß noch eines der wenigen Pferde, die es im Dorf gab. Auf seinem Heuboden schliefen die Schnurzel, Bül-Bül, Otto und wer sonst noch kam. Auch Billie zog ins Heu. Sie behauptete, einen Orgasmus nur zu bekommen, wenn das Heu sie in den Hintern piekte. Das sahen alle ein. Salzerrudi nannte seinen Boden das »Hotel zu den zehntausend Strohhalmen«. Er ließ es sich nicht nehmen, seine Gäste stets persönlich die Leiter hinauf zu begleiten, wobei er ihnen Streichhölzer und Feuerzeuge abnahm.

Der September brachte wie üblich warme Tage, Billie hatte ihren Jet-Set vergessen, die Mädchen waren braungebrannt und vom Heu genügend gepiekt, Otto hatte durch das Gerammel zehn Pfund verloren und behauptete, er sei »ganz durchsichtig«.

Um diese Jahreszeit wehte hier eine stete Brise, tatsächlich von Ungarn her, und das Segeln machte Spaß. Ernesto war in seinem Element, die Winschen rasselten, er setzte alles Zeug, das die Masten nur tragen konnten, nagelneue Nylonsegel, extra in Brindisi angefertigt. »Kostbar!« sagte Ernesto. Die Mädchen standen an Deck »Wie bronzene Galionsfiguren«, diesen Ausdruck hatte Bül-Bül erfunden, und er ritt darauf herum, bis Ernesto drohte, ihn über Bord zu werfen. Sogar Otto der Gewaltige wurde gesprächig und sagte: »Friß Glas und spuck Blut, alter Schleimer!« Bül-Bül lachte. Die Türkin rollte derart die Augen, daß Billie und der Honigtopf einander entsetzt ansahen.

»Absegeln am letzten Septembersonntag«, befahl Ernesto, der Skipper. Den anderen war es recht. Sie wollten noch einmal den großen Törn machen, an Rust vorbei zur ungarischen Grenze, die durch den See verläuft, dann hinüber nach Podersdorf, und zurück über Neusiedel. Überall konnten sie damit rechnen, Freunde zu treffen, die einen kühlen Trunk zu schätzen wußten.

Der Tag begann mit einer Flaute. Ernesto schleppte enttäuscht die Doppelliter an Bord: »Das wird nichts werden«, sagte er. »Wir wollen lieber ein paar Flaschen mehr mitnehmen. Wer weiß, wie lange wir unterwegs sind.« Es war dunstig, die Sonne stach. Billie verknotete ihre Kleidungsstücke in den Wanten. Während das Boot langsam durch den Schilfgürtel auf den See hinausglitt, begann Bül-Bül die erste Geschichte dieses Tages mit den Worten: »Da waren wir einmal irrsinnig betrunken . . .« Billie wandte uns ihr von Heu zerstochenes Hinterteil zu und blickte in die Ferne, in der es nichts zu sehen gab.

Noch nicht! Am Nachmittag, wir hatten bereits drei geleerte Doppelliterflaschen im See versenkt und hielten immer noch auf die ungarische Grenze zu, verfärbte sich der Dunst über dem See schwefelgelb. Die Sonne schien sich von uns zu entfernen, stieg immer höher am Himmel hinauf, war ein grellweißer, zerfranster Ball. Ernesto zappelte im Cockpit und schnüffelte in die Luft. »Ich glaube, da kommt was«, sagte er. Und zu Otto: »Laß mich das Ruder übernehmen.«

»Bitte«, sagte Otto und rückte beiseite. »Aber ich glaube, du irrst dich. Schau doch die Segel an. Schlaff!« Ernesto schüttelte den Kopf. »Es geht los!«

In diesem Augenblick stieg eine Wolkenwand am Horizont hoch, verdunkelte die Sonne, und während unser Boot immer noch in totaler Flaute lag, begann zweihundert Meter vor uns der See zu kochen. Dann ging alles blitzschnell. Ernesto schrie: »Achtung!« Bül-Bül sprang auf und riß die Mädchen vom Vorschiff. Sie taumelten ins Cockpit. Nackt, wie sie waren, stopften Otto und er sie in die Kajüte. Ernesto warf sich in die Pinne, um das Schiff herumzukriegen, aber sie machten nicht genug Fahrt. Als sie quer zum Wind lagen, traf die erste Bö sie seitlich. Das Boot holte über, die Weinflaschen fuhren im Cockpit umher, die Mädchen kreischten, Billies T-Shirt, das in die Leine verknotet war, flog davon. Sekundenlang sah es so aus als würden sie kentern. Dann lösten sich die automatischen Winschen, und das Schiff kam herum. Gleichzeitig hörten sie, wie Otto schrie, er hing übers seitliche Bord, eine Hand in die Leine vom Großsegel-Fall geklammert, die andere vor den Bauch gepreßt. »Was ist?« schrie Ernesto in den Sturm. Die Mädchen tauchten am Niedergang zur Kajüte auf, die Türkin weinte. Bül-Bül kroch zu Otto hinüber, versuchte, ihn zurückzuziehen. Es ging nicht. Ottos Jeans hatten sich in der Winsch verfangen. Bül-Bül sah, wie sich ein dunkler Fleck auf dem zerfetzten Jeansstoff ausbreitete. Otto hatte die Augen geschlossen. »Er blutet«, schrie Bül-Bül, »geh in den Wind!« Die Mädchen schrien, der Honigtopf hatte die Hände vor dem Mund. »Wie denn?« rief Ernesto. »Wir kentern!« Aber dann faßte er einen Entschluß: »Fertig zur Wende!« Dieses Manöver würde zwar Ottos Hosenlatz – und was darüber hinaus drinhing – noch weiter in die Winsch drehen, aber gleich danach müßte er freikommen.

Ernesto segelte eine meisterhafte Wende, aber als der Großbaum nach Backbord ging, stieß Otto der Gewaltige einen so mörderischen Schrei aus, daß sie meinten, er müsse trotz des Sturms bis zum Ufer zu hören sein. Die Winsch hatte angezogen und ein weiteres Stück Otto in die Zahnräder gezerrt. Dann schnarrte sie plötzlich zurück, Otto taumelte nach hinten, kam frei und fiel ins Cockpit. Vorne war alles Blut und Fetzen. Das Schiff nahm wieder Fahrt auf und raste auf die ungarische Grenze zu.

»Packt mit an«, rief Bül-Bül den Mädchen zu. Sie zerrten Otto in die Kabine. »Was ist?« schrie Ernesto, der wie ein brauner Teufel an der Pinne hockte. Billie schaute aus dem Luk: »Alles ein Matsch.«

Otto war ohnmächtig. Sie zogen ihm die Hose herunter und wickelten alles, was sie an Textilien fanden, um den blutigen Teil. Im Nu war Otto mit Badeanzügen, Slips, einem Kaschmirpullover drapiert. Alles sog sich mit Blut voll. Sie nahmen noch Bül-Büls und Ernestos Hemd, aber auch das half wenig. Die Mädchen hatten nichts mehr anzuziehen, für fünf unverletzte Passagiere gab es nur noch zwei paar Shorts: Die von Ernesto und die von Bül-Bül.

Otto erwachte einen Augenblick aus seiner Ohnmacht. »Ungarn«, sagte er. »Wir segeln nach Ungarn.« Dann war er wieder weg. Das Blut suppte durch die Notverbände, die nackten Mädchen sahen schon aus wie Indianerinnen beim Skalpieren. Sie krochen hinaus ins Cockpit und beratschlagten, was zu tun sei. »Wir müssen den Kurs ändern«, sagte Bül-Bül. »Wenn wir so weitersegeln, schnappen uns die Ungarn.«

»Nach Rust«, sagte Ernesto. »Das können wir hart am Wind machen. Mit einem Krankenwagen ist Otto in ein paar Minuten in Eisenstadt.«

Sie nahmen Kurs auf Rust, oder wenigstens dahin, wo sie meinten, daß Rust liegen müsse in dieser schwefelgelben Sturmhölle. Ernesto mußte hart an den Wind gehen, er segelte wie ein Klabautermann mit allem Zeug oben trotz des Orkans, aber sie machten wenig Fahrt. Es würde Stunden dauern, bis sie in Rust waren. »Schaut nach ihm«, rief Ernesto. »Gebt ihm Wein. Paßt auf, daß er nicht verblutet.« Bül-Bül und die Mädchen krochen wieder in die Kajüte. Otto hatte die Augen auf. Er stöhnte, sein Bauch sah aus, als ob er sich auf eine Tellermine gelegt hätte.

Es wurde immer finsterer. Die Wellen liefen schräg von achtern und legten das Selbstlenzsystem lahm. Ernesto hockte im kniehohen Wasser. Eine Weinflasche hatte sich ins Cockpit entleert. Manchmal drehte der Wind und das Boot kam vom Kurs ab. Ernesto fühlte, daß Rust schon weitab an Backbord liegen mußte, das hieß, sie würden das letzte Stück auch noch kreuzen müssen. Außerdem gingen die Wellen so hoch, daß das Schwert manchmal den Seeboden schrammte. Eine Zehntelsekunde Unaufmerksamkeit, und sie lagen im Bach.

Bül-Bül und die Türkin hingen jetzt in den Steuerbord-Wanten, um das Boot aus seiner Schräglage zu bringen: Manchmal unterschnitt das Spritzbord die Wellen.

Aber Ernesto wußte, was er seinem Schiff zumuten konnte. Sie gewannen Meter um Meter. Irgendwann mußte der Schilfgürtel vor ihnen auftauchen. Wo dann Rust lag, war die Frage.

Anderthalb Stunden waren sie so gesegelt, als das Unwetter aufhörte, so plötzlich, wie es gekommen war. Der Wind schlief sofort fast völlig ein, die nassen Segel klatschten gegen den Mast. »Verdammte Scheiße«, schrie Ernesto. Er heulte fast. »Wir müssen ins Wasser, uns vorspannen. Das Schiff ziehen.«

»Bist du wahnsinnig?« rief Bül-Bül. »Das schaffen wir nie. Sieh dir doch die Wellen an.« Der Honigtopf stand im Cockpit, die Panflöte in der Hand, und starrte in die Ferne. »Schaut doch«, rief sie. »Der dunkle Streifen.«

Jetzt sahen auch Ernesto und Bül-Bül es: Der Schilfgürtel war in Sicht! Billie kroch aus der Kajüte. Der Schilfgürtel zeichnete sich als dunkle Linie ab. Davor sahen sie einen grauen Punkt, der schnell größer wurde.

Die Beamten auf dem Motorboot der Wasserschutzpolizei staunten, als sie das Boot mit den zitternden nackten Gestalten an Bord sahen. »Freikörperkultur in Seenot«, meinte der eine. Dann machten sie längsseits fest, und in Minuten war ihnen klar, was geschehen war. Sie zerrten Otto den Gewaltigen aus der Kabine, ein Beamter rief mit Sprechfunk einen Krankenwagen zum Ruster Hafen, der andere legte Otto mit Hilfe der immer noch splitternackten Billie einen Notverband an. Billie bekam eine Decke um, eine zweite flog herüber ins Segelboot. Das Patrouillenboot mit Otto und Billie an Bord legte ab. »Wir holen euch später, falls kein Wind mehr aufkommt«, rief der eine Seepolizist. Ernesto murmelte: »Aye, aye, Sir.«

Das Schiff lenzte jetzt wieder. Ein Doppelliter war unversehrt geblieben. Ernesto zog den Korken heraus, nahm einen Schluck und gab die Flasche an die Mädchen weiter. »Schraps, Schnappo!« sagte Bül-Bül.

Auf dem Boden lag ein Klumpen blutiger Textilien, die vom Motorboot herübergeflogen waren. Die Türkin starrte darauf. »Wir können das ebensogut jetzt waschen«, meinte sie. Der Honigtopf nickte. »Wasser ist ja genug da.«

Am nächsten Vormittag besuchten sie Otto den Gewaltigen im Krankenhaus. Er war blaß, trotz einiger Bluttransfusionen, die er bekommen hatte, aber er grinste schon wieder. »Und die Tülle? fragte Bül-Bül, »ist sie noch dran?«

»Sie müssen mir einen Streifen aus dem Hintern schneiden und rumwickeln«, sagte Otto. »Aber es kommt schon wieder in Ordnung.« Die drei Mädchen machten interessierte Gesichter.

»Die Winschen habe ich abmontiert«, sagte Ernesto. »Im nächsten Sommer mußt du als Vorschotmann fahren.« Otto der Gewaltige winkte ab: »Das *Segeln* überlasse ich euch«, sagte er. So viel hintereinander hatte er noch nie gesprochen.

Kopf ab, Bürger Baron!

Rechts der Straße, ein paar Kilometer vor Cernoy, liegt am sanften Talhang jenes Anwesen, das sich Le Château nennt. Der Weg führt hinab zum Hof mit respektablem Misthaufen, Hühner scharren, ein schwarzer Hund trottet auf den Besucher zu und überlegt, ob er bellen soll. Er läßt es. Rechts die Stallung, der Taubenturm kantig in der Mitte. Ein Garten von Geißblatt überwuchert, darin Ruinen. Ein Flügel des früheren Herrenhauses. Madame B., weißhaarig mit wehenden schwarzen Kleidern, und ihre Tochter kümmern sich um die Farm. Madame deutet auf ein verwaschenes Graffito an der einen Wand des Giebels vom Wohntrakt: »Kaum mehr zu erkennen, fürchte ich. Es ist ein Löwe, überlebensgroß, sprungbereit. Ein Löwe mit Greifenklauen. In meiner Jugend war der Löwe noch goldgelb, Wind und Regen haben die Farbe ausgewaschen. Ich habe überlegt, ob wir das Bild restaurieren lassen sollen. Doch wozu? Der Löwe war das Wappentier der Barone B., denen Hof und Schloß gehörten. Bis wann? Bis zur Revolution vor nun genau zweihundert Jahren.« Madame bahnt uns einen Weg durch den Geißblattdschungel. »Wollen Sie die Geschichte hören? Kommen Sie.« Ein unterirdischer Raum, erhellt durch Sonnenstrahlen, die durch verborgene Öffnungen dringen. »Der Keller des Donjons«, sagt Madame, »des alten Wehrturms vom Schloß. Hier wären sie sicher gewesen, denn auf dem Land fand die *Revolution* nur ab und an statt.

Doch die junge Baronesse, lebenslustig und des Landlebens vielleicht ein wenig überdrüssig, wollte Paris sehen. Man wußte, in der Hauptstadt gab es Unruhen. Doch jeder Mensch denkt, daß ihn so was nicht betrifft. Der Baron ließ die Pferde anspannen, und die jungen Leute fuhren davon. Kommen Sie ans Tageslicht.« Madame B. klettert vor uns die Treppe hinauf, flink, als zählten die Jahre nicht. Sonne, Bienen summen. Der Hund schläft und zuckt mit dem Schwanz. »An der Porte d'Orléans forderte die Wache, Kokarde am Hut: ›Euer Paß?‹ – ›Wißt Ihr nicht, mich anzureden?‹ meinte forsch der junge Reisende. ›Ich bin der Baron von B. aus Cernoy.‹ Die Wache: ›Steig er aus, Bürger Baron, und das feine Dämchen dazu.‹« Madame scheucht die Hühner fort. »Sehen Sie, man hatte gerade die Guillotine erfunden. Wer erfährt schon solche Einzelheiten, hier auf dem Lande?« Der Besitz zerfiel, bis mein Urgroßvater ihn erwarb. Nach mir und meiner Tochter werden die letzten Spuren verschwinden . . .«

Katzenjammer

»Schöner Gigolo, armer Gigolo, denkst du heut noch an die Zeiten ...« Joachim drehte an der Kurbel des alten Grammophons, vorsichtig, damit er den Apparat nicht erschütterte und die Nadel nicht übersprang. Das Auflegen der Schellackplatte auf eins der uhrwerkgetriebenen Geräte war längst zum Ritual ausgeartet. Joachim ließ niemand an seine Sammlung nostalgischer Kostbarkeiten, nicht einmal die jeweilige Freundin.

Schöner Gigolo, armer Gigolo ... Ein bißchen identifizierte Joachim sich mit der besungenen Figur. Ein Blick in den Spiegel bestätigte ihm, daß er, wie seine Platten, wie dieses Lied, in eine andere Epoche gehörte. Die Haare trug er à la Tango-Bubi frisiert, vorne eine Welle, hinten Krempe bis auf den Kragen. Joachims Vater nannte das Genickschußbremse; diese und andere Meinungsverschiedenheiten hatten im Laufe der Jahre zur Entfremdung geführt.

Joachim sah sich um. Seine Wohnung, anderthalb Zimmer in einem Neubau in der Stubenrauchstraße, enthielt Mobiliar der zwanziger Jahre, Stahlrohrsessel, passende Tische und Beistelltische, das Bett mit schlicht geflochtenem Peddigrohr-Kopfteil. Kaffeemaschine, Teekessel – alles aus der Zeit.

Die meisten Mädchen fühlten sich hier nicht wohl, außer bei Parties. Erstaunlicherweise gefiel es Joachim, daß die Mädchen nicht blieben. Dies war seine Zuflucht, seine Höhle. Durchgestylt, wie er bei sich dachte, indem er sich umsah.

Die Zuflucht hatte er wieder einmal nötig, nach den Erfahrungen mit Corinna. Wie hatte er diese Frau geliebt, sich angepaßt, eine ganze Nacht lang, bis die Entscheidung sich nicht hinausschieben ließ:

Adeline oder er!

Adeline war Corinnas Katze. Genauer, eine von ihren Katzen. Doch spielten die anderen Katzen nur insofern eine Rolle, als sie dazu beitrugen, Corinnas Wohnung zu versauen. Ein Filz von Katzenhaaren, wo man hinfaßte. Joachim, frisch verliebt und in seiner Rolle als Verführer mittels nostalgischer Musik aufgehend, hatte zuerst diese Spuren intensiver Katzenhaltung übersehen, besser, er hatte jene Erfahrung verdrängt, die ihm zuteil geworden war, einige Monate, bevor der Funke zwischen Corinna und ihm übersprang.

Corinna arbeitete in der Redaktion einer Stadtzeitung, die, unkonventionell, ein bißchen alternativ, in einem renovierten Fabrik-Hinterhaus entstand. In der Gegend wucherten etliche Szene-Kneipen. Man kannte einander, Joachim hatte sich auf die Besorgung von Wurlitzer-Musikboxen geworfen, er reparierte und installierte sie und versorgte die Maschinen mit Platten.

Eines Abends sprach Corinna ihn an: Ihnen fehle beim Blatt einer, der Plattenkritiken schriebe. Ob er, Joachim, so was könne?

Joachim hatte nie eine Zeile in einer Zeitung geschrieben, aber er sagte zu. Augenblicklich war ihm nicht klar gewesen, daß sein Arbeitsfeld hauptsächlich Rock und Pop sein würde; so litt er für kleines Honorar. Aber er schien den richtigen Ton zu treffen, das Blatt nahm ihm widerspruchslos ab, was er brachte. Ab und zu schmuggelte er Nostalgisches ein.

Sie verreise, sagte Corinna eines Tages, sie habe die verflixte Wohnung voller verflixter Katzen, die sie nicht alleine lassen könne. Sie habe den Eindruck, daß er, Joachim, im Augenblick keine besonderen Bindungen oder Verpflichtungen habe. Sie fände es verflixt nett, wenn er seinen Rasierpinsel nehmen und für drei Wochen bei ihr, Corinna, einziehen könne, sie müsse mit ihrem Typ in die Toscana.

Der Typ, Joachim kannte ihn so lange wie er Corinna kannte, stand daneben wie das Ekel Alfred und grinste. Menschenfresserzähne, wahrscheinlich würde er Corinna auffressen, in den Weinbergen der Toscana, runterspülen mit fünf Gallonen Chianti classico, schließlich wg. Mordes & Cannibalismus verhaftet werden, und er, Joachim saß da mit den Miezis.

Er nickte. Wieso, wußte er nicht. »Abgemacht«, sagte Corinna. »Das ist verflixt nett von dir.«

Um es kurz zu machen: Joachim zog bei Corinna ein, sie hauste in einer Art Loft, einem Riesenraum, in dem Bett, Badewanne, Elektroherd und ein paar Möbel verschiedenster Stilrichtungen umherstanden. Nur das Klo war abgeteilt. Die Katzen hockten hier und dort, mal einzeln, mal malerisch gruppiert, webten an ihrem Filzteppich und starrten Joachim an, wie er Katzenhaare von seinen Platten blies, das Grammophon hatte er mitgebracht.

Neben dem Waschbecken, das in der Nähe der Badewanne samt Spiegel an eine mannshohe Konsole geschraubt war, stand ein Katzenklo. Zwar gab es einen Dachgarten mit weiteren Katzenklos und die Tür besaß ein Schlupfloch. Jedoch, wenn Joachim sich rasierte – wie Corinna richtig vermutet hatte mit Pinsel, Rasierseife und Klinge – hockte sich garantiert eins der Biester neben ihn und kackte in die Streu, die danach unter den ratzenden Katzentatzen in alle Richtungen flog.

Joachim machte aus seiner Abneigung kein Hehl. Strafend sah er Adeline und ihre Genossinnen oder Genossen an, wenn sie im Kistchen hockten. Strafend sah er sie an, wenn er Büchsen mit Katzenfutter öffnete. Die Katzen rächten sich schließlich, indem sie Corinnas Sofa verpinkelten. Es war ein blütenweißes Sofa, ursprünglich. Bald stand es da mit herunterhängender, gelblicher Polsterung. Stoffetzen flatterten, von Adelines Krallen abgepuhlt.

Der Gestank, infernalisch, vertrieb Joachim fast aus der Wohnung. Er wagte jedoch nicht, das Sofa auf den Dachgarten zu werfen; würden Corinnas Bestien sich nicht sofort das nächste Möbel vornehmen?

Corinna lachte, als sie zurückkam: Die Katzen würden stets so etwas anstellen, wenn sie verreise. Dann weinte sie ein bißchen. Das Ekel hatte sie zwar nicht gemordet und verspeist, aber es war Corinna abhanden gekommen. Der Mann segelte aus ihrem Leben, im Augenblick auf der Höhe von Korfu. Die Jacht gehörte einer reichen, nicht mehr ganz jungen Amerikanerin. »Asbestfabrikantin«, schnupfte Corinna. »Dabei weiß man, daß Asbest ungesund ist.«

Joachim tröstete Corinna ein bißchen, legte Platten auf, schaffte endlich das Stinksofa auf den Balkon.

Am nächsten Morgen hatte er die Sache vergessen.

Corinna machte weiter die Kneipenrunde, wie er, Joachim; ab und zu trafen sie sich in der Redaktion. Im »Henkeltöpfchen«, einer neuen »in«-Kneipe, die Joachim mit einer Wurlitzer-Orgel ausgestattet hatte, kamen er und Corinna einander näher. Er drückte »Mein kleiner grüner Kaktus – steht draußen am Balkon«, sie »Und wieder saß ich rum vergangene Nacht ... den Kopf voll Suff und Kino.« Das modernste, was die Wurlitzer enthielt.

Die beiden Musikstücke bildeten, kühner Griff in die Klassik-Kiste, Scylla und Charybdis, die beiden Strudel, zwischen denen das Schiff ihrer jungen Liebe sich seinen Weg bahnte. (Diese Worte fanden sich später in Joachims Tagebuch.) Etwas später betrat er, von Corinna an der Hand gezogen, ihr im Dunkeln liegendes Loft. Draußen auf der Dachterrasse schimmerte das Sofa im Mondlicht wie der Eisberg, gegen den die »Titanic« gerannt war. »Titanic läßt ihr blaues Band ...« trällerte Joachim, sie hatten »Pimm's Number One« getrunken, damals ein Insider-Drink, und danach Persiko.

Corinnas Küsse schmeckten nach beidem. Ab und zu leuchteten Katzenaugen im Dunkeln, die Bestien umschlichen ihre Lagerstatt. Irgendwann schlummerte Joachim ein, wachte wieder auf und spürte – Adeline im Arm. Das Vieh wischte ihm mit dem Schwanz über das Gesicht und schnurrte.

Vom freistehenden Waschbecken her klangen Geräusche schwerer Würgearbeit. Corinna war schlecht geworden. Joachim raffte sich auf, Corinna den Kopf zu halten war sein einziger Gedanke. Vielleicht nicht sein einziger, daneben fragte er sich: Warum kotzt sie nicht ins Klo? Auf dem Schiff der jungen Liebe herrschte Seekrankheit. Doch trotz sich hebender und senkender Planken sprang Joachim aus dem Bett, eilte in Richtung Waschbecken bzw. in Richtung Corinna. Die Katze war auf den Boden geplumpst, wo sie nicht lange blieb. Mit einem Satz sprang sie auf Joachims nackten Rücken, wo sie sich festkrallte.

Joachim schrie. Corinna würgte. Adeline mauzte. Die übrigen Katzen rotteten sich zusammen und stießen Schreie aus. »Kann einem hier nicht mal in Ruhe schlecht werden?« würgte Corinna. Joachim kämpfte, nackend im Mondlicht, gegen Adeline. Blut rann von seiner Schulter, er merkte es, als er Adeline in den Nackengriff bekam: Die weißen Stellen ihres Fells zeigten sich blutigrot, fast schwärzlich in diesem Licht.

Die Würggeräusche hatten aufgehört, nur das Rauschen des Wasserhahns lag über der Szene, und Adelines mächtiges Zorngeschrei, vom Maunzen der anderen Miezen untermalt.

»Gib die verflixte Katze her«, rief Corinna. »Was machst du mit meiner Katze? Sie blutet!«

»Es ist mein Blut«, wagte Joachim einzuwenden. Er tippte mit den Fingerspitzen an seine Schrunden. Corinna, nackt wie er, beschmierte sich mit dem Blut, das am Katzenfell klebte, also mit Joachims Blut. Joachim betrachtete seine roten Fingerspitzen. Versehentlich trat er auf den Fußschalter für die Halogenlampe. Die Gruppe stand starr, in Licht gebadet.

Natürlich verlor Joachim seinen Job bei der Zeitung. Weiterhin drückte er den »Kleinen, grünen Kaktus« im »Henkeltöpfchen«. Doch Corinna erschien dort nicht mehr. So drückte Joachim schließlich, die Geschichte war ein Jahr her, auch Corinnas Platte: »Und wieder saß ich rum, vergangene Nacht . . .«

Inzwischen soll Joachim sich eine Katze angeschafft haben. Sie ähnelt, sagen Insider, Adeline.

Arabische Nächte oder die Eroberung von Kensington

London ist eine Sehnsucht wert, und besonders *Harrods,* der Tempel allen Konsumglücks. In diesem Prachtkaufhaus am Rand des Schickeria-Stadtteils Kensington werden so ziemlich alle Wünsche vom Cartier-Diadem bis zum Joghurt-Becher erfüllt. Besonderer Anziehungspunkt sind die vornehm-altmodischen Delikatessen-Gewölbe im Erdgeschoß.

Nach Umschiffung einer Ansammlung lebender Hummer, die aus einer sattgrünen Schlingpflanzendekoration mit Flußwasser berieselt werden, stehe ich vor der Glasscheibe, hinter der *Harrods* seine Kaviardosen tiefkühlt, und vergleiche die günstigen Preise für Delikatessen in einem Land, das durch luxuriöse Jahrhunderte als Kolonialmacht verwöhnt war - ein Kaviar-Einkauf, kalkuliere ich, wäre zu empfehlen. In diesem Augenblick schlägt eine Bombe neben mir ein. Irische Terroristen? Nein, nur eine Terrine Gänseleber-Parfait, die knallend auf den Fliesen zerplatzt ist. Da liegt das Produkt aus zweihundert Stopflebern, gespickt mit Scherben. Mein Blick fängt sich an zwei Füßen in elegantem Leder, gleitet aufwärts, immer weiter, Stulpenstiefel, teuer, wahrscheinlich Hermès, *dear Lord,* wo enden diese Beine? Sie gehören zu einem Mädchen, das mit Samtaugen auf das Unglück starrt; ich gehe in die Knie, das Mädchen geht auch in die Knie, ihr Stiefelleder knarrt, plötzlich sind noch ein Paar Samtaugen daneben, ein zweites Mädchen. *Oriental breed* augenscheinlich beide, braune Haut, schwarze Haare, und diese Samtaugen. Araberinnen. Die Ölscheichs haben Kensington erobert, seit Jahren gibt es hier ein Mini-Saudi-Arabien, einen kleinen Libanon.

Während wir um die Gänseleber hocken, tauschen wir Höflichkeiten aus, die Mädchen sprechen ein rasend schnelles Englisch, angedeuteter Guttural-Akzent. Ein Mann von *Harrods* kommt und klaubt Gänseleber und Scherben zusammen; nicht so schlimm, kann jedem passieren. *Harrods* zahlt's, solche Unfälle werden guten Kunden nicht angelastet.

Die Mädchen stehen lächelnd, aber hilflos herum, ich erbiete mich, ihnen bei ihren Einkäufen zu assistieren, sie haben jedoch, sagen sie, einen großen Bruder mit.

Wo bist du, großer Bruder? Der Bursche ist verschollen, ich finde es wunderbar, er wird nicht verloren gehen hier in London, aber augenblicklich kann ich ihn gar nicht brauchen.

Wir erledigen allerlei Aufträge für Mitglieder der OPEC-Staaten, die Ölpreise werden wohl bald wieder hochschnellen, ich sehe, welche Summen die lächelnden Töchter der Wüste hier bei *Harrods* hinblättern. Zum Schluß noch ein für die Mädchen wohl nicht ungewöhnlicher Auftrag: Ein Mini-Motorrad für einen kleinen Scheich. Bruder Omar ist drei Jahre alt und braucht – einen Feuerstuhl. Ob es so was überhaupt gibt, frage ich, aber die zwei lächeln wissend, mein Traummädchen in Kara Ben Nemsis Jagdstiefeln schreitet schon zum Lift, ein goldener Schnörkelkäfig schnellt uns in den dritten Stock. Wir tigern in eine Sackgasse, in der Mr. Bonsack, Designer, seine berühmten Badewannen, königsblau mit

Keramikhimmel über Eck, Queen Anne Style oder Victorian ausgestellt hat, verirren uns in die Schlafzimmer-Abteilung und sind endlich bei den *Toys,* beim Spielzeug. Und da, auf einem Podest, stehen sie: Die fünfzig Kubik *Trial Trainer* »für Kinder ab drei«, mit wüstengängigen Geländereifen. Preis nur 320 Pfund. Die Maschine wird bestellt. Klein-Omar kann sich freuen.

Unten in der *Health-Juice*-Bar nehmen wir einen Avocado-Strawberry-Cocktail, von Mohamed gestattet. Der große Bruder ist glücklicherweise immer noch nicht in Sicht. Ich erfahre: Miß Kara Ben Nemsi heißt Oleya, ihre Schwester Aïscha. Sie kichern, verstecken ihre Nasen in den Shawls von *Pringle of Scotland.* Man kennt sich schwer aus mit diesen Mädchen, die London einen zusätzlichen Hauch von Exotik verleihen. Oleya und Aïscha waren in Lausanne im Internat, haben an der Cambridge Summer School Englisch gelernt. Aber was heißt das? Darf man ihnen einen Whisky anbieten, ohne Allahs Zorn auf sich zu ziehen? Verfällt man der Blutrache durch ihren Clan, wenn man sie nach Hause begleitet? Verflixte Gänseleber-Pastete!

Wir nehmen noch einen von diesen Avocado-Strawberry-Cocktails, langsam bekomme ich einen Vitaminschock. *Big Brother,* der große Bruder, taucht immer noch nicht auf. Ob sie ihn erfunden haben? Andererseits ... selten sieht man arabische Mädchen allein durch Kensington streifen. Irgendein »Schatten« ist meistens dabei.

Schließlich akzeptieren sie meine Begleitung. Ich will ein Taxi herbeiwinken, aber sie zerren mich, immer lachend, um die Ecke, da steht einer von diesen riesigen schwarzen Daimler Bonnevilles, mit Chauffeur. Wir verstauen die Pakete im Kofferraum, glücklicherweise wird Klein-Omars Feuerstuhl von *Harrods* direkt geliefert, der Chauffeur, Engländer, mitgemietet, hält uns die Tür auf. Wir rauschen um ein paar Ecken zum *Gloucester Hotel,* steigen aus, und mit einem letzten Dankeschön sind die Mädchen in Sekundenschnelle verschwunden. Ich stehe da. Der Chauffeur lächelt und sagt: *»Good bye, Sir!«*

Ich trete den Rückzug an. Aus den Fenstern der Häuser ringsum schaut das Morgenland, Araberinnen mit dem Schleier, dem Jaschmak, vor dem Gesicht. Ein paar eilige Herren im Wüsten-Outfit sind unterwegs, die meisten haben sich jedoch westlichen Sitten längst angepaßt, jedenfalls, was die Kleidung anbetrifft. So mancher Dunkelmann hier, der mit Sekretär und prallem Aktenköfferchen zu seinem Rolls Royce eilt, trägt schicke, aber unauffällige *taylormades* aus der Bond Street. Ganz englisch.

Kensington ist frisch angepinselt, wie eine Oma, die auf den Tanzstundenball ihrer Enkelin geht. Als die Scheichs kamen, witterten die Hausbesitzer Geld: Vielleicht würde so ein Ölprinz sein Auge gerade auf ihr Haus werfen? *Traditional English style,* zwar nur mit künstlichem Kamin heizbar, ein bißchen feucht im Winter, jedoch *authentic!* Also wurden die Maler bestellt. So hielt es auch der Nachbar und dessen Nachbar, und bald glänzten Kensingtons Fassaden in frischem weißen Ölfarbenanstrich.

Die Araber allerdings zogen es vor, Wohnungen in den Riesenblocks zu kaufen, wo es einen Wächter unten in der Halle gibt, Zentralheizung und sämtlichen modernen Komfort.

Aus den Fenstern dieser Apartments schauten nun die verschleierten Frauen, während ihre westlich erzogenen Töchter sich fortschlichen, um ein starkes Guinness »drei X« zu probieren oder sogar einen Dimple. Jene, deren Mütter den Ausgang nur mit Schleier erlaubten, hatten sich das Ding zu einer Art Klappvisier umgebaut. Visier hoch, Whisky in den Schlund, Visier runter. Allah! Diese europäischen Versuchungen!

Abends ist das Glück mir hold. Zwischen bleichen Eaton Boys mit snobbish gerafften Oberlippe und grinsenden Pauschalreisenden aus Hahnenklee-Bockswiese sitzend, kippe ich im *Penta Pub of the Pubs* mein Pint Watney's Red, als ein baumlanger älterer Gentleman-Araber in Rollpulli und Tweedjacke eintritt, im Kielwasser meine beiden Gänseleber-Freundinnen. Sie lächeln mir aufmunternd zu, ich wage mich in den Dunstkreis des Ölprinzen, der ihr Vater ist: *»Very nice ...«* – Aïscha trinkt Juice, Oleya einen Whisky, Vater Scheich schließt sich mir an und bestellt auch ein Watney's Red. Wir machen Konversation, *»... how long have you been in London ...«,* das Übliche. Familie Scheich trinkt aus, zahlt. Ich kann ja nicht wieder hinterherrennen.

So lungere ich am nächsten Tag vorm *Gloucester Hotel,* immerhin mit dem glücklichen Gedanken im Herzen, daß es wohl keinen großen Bruder gibt, der wäre doch sicher gestern abend ... An der Ecke zur Gloucester Road hat mein Freund Tommy einen Gemüsestand. Tommy ist Philosoph, es fällt ihm nicht schwer, zu erraten, worum meine Gedanken kreisen. »Kaum kommen sie aus dem Hotel«, sagt Tommy, »schluckt sie ein Daimler oder ein Rolls Royce, schnapp, sie sind weg, die schönen

Daughters of the Oil. Aber bleibe ruhig, Freund, schau, all die Schönen mit ihren schwarzen Schleiern, die aus den Fenstern blicken, es sind nicht nur die Mütter. Und manche Tochter wird den Jaschmak an den Nagel hängen und Blue Jeans anziehen und Kensington für sich erschnuppern. Und wenn du es wirklich willst, wirst du nicht immer allein in deine Bude in der Old Brompton Road zurückkehren, mein Sohn, mit Tommys Mohrrüben als Notproviant.« Er lächelt mir ermutigend zu. Ich lade ihn zu einem Drink in den *Stanhope Pub* schräg gegenüber ein, aber er kann seine Kiwis nicht alleine lassen. So gehe ich ohne ihn.

Es ist noch früh, die Stunde für einen Gin Tonic höchstens, *don't say Gin say Gilbey's.* Oder soll ich einen *Smirnoff*-Wodka bestellen? London ist mit Riesenplakaten bepflastert, auf denen ein deutscher U-Boot-Kommandant im Swimmingpool einer deutschen Badenixe auftaucht, Ritterkreuz um den Hals, flotte Kaleun-Mütze auf dem Kopf. Unterschrift: »Mit Smirnoff ist alles möglich.«

Ich nehme Gin, weil ich Mr. Gilbey mal kennengelernt habe. Durchs Pub-Fenster sehe ich, wie so ein Burnus-Scheich ein Köfferchen Geld aus der Midland Bank nebenan schleppt. Wahrscheinlich kauft er eine Wohnung. Aber ich sehe auch vom *Gloucester Hotel* ein Mädchen mit Stulpenstiefeln auf den Pub zukommen, es ist Oleya, alleine. Sie kommt rein, nimmt den Pringle's Shawl ab und sagt: »Bekomme ich einen Drink?« – Im oberen Stock übt eine Group, sie sägen etliches aus der *Rocky Horror Show* herunter, dieser bemackte Transie-Film läuft hier um die Ecke seit drei Jahren!

Oleya muß schon wieder Einkäufe erledigen. Diesmal lassen wir aber den Daimler vor dem Hotel stehen und nehmen meinen kleinen MG Midget. In London regnet es auch nicht mehr wie früher, wir klappen das Dach auf, Oleya faltet ihre einsachtzig auf dem Beifahrersitz zusammen, die Stulpen ihrer Stiefel schauen oben heraus, darüber flattern Pringle's Shawl und Oleyas schwarze Haare. Wir brausen zur Fulham Road. An der Ecke Gilston Road handelt Mr. Cullen, seit die Araber hier sind, auch mit *Merrydown Ginger Wine,* den mag Oleyas Tante so gerne, Allah hat's erlaubt. Wir laden also den Kofferraum des Midget mit Ingwerwein voll, der muß in die Harrington Gardens. Aber auf der anderen Straßenseite lockt ein Schild mit den Buchstaben G-A-D, *The Great American Disaster.* Der Pub ist *in* bei der Jeunesse dorée von Kensington und Chelsea, natürlich müssen wir da rein. Alles ist auf chic gequält, Musikberieselung, kleiner *snack* für die Leutchen, Holsten Bier *on draught* (vom Faß), daneben die üblichen Guinness, Bitter und Lager Beer.

Spät fällt uns der Ingwerwein wieder ein und die Tante. In der Fulham Road gibt es noch einen schönen Pub, *The King's Arms,* viel schöner als G.A.D. Aber die Pflicht ruft, wir fahren in die Harrington Gardens, ich werde der Ingwer-Tante vorgestellt, die funkelnden Auges über die Oberkante ihres Schleiers späht, während ihr weißer Burnus sich bauscht. Noch andere Damen von Oleyas Öl-Clan sind anwesend, immer sieht man nur die Augen, es ist schwer zu sagen, wie alt die Frauen sind. Ein dienstbarer Geist verlangt die Autoschlüssel, der Ingwerwein wird ausgeladen. Oleya in Karl Mays Wasserstiefeln stelzt zwischen diesen weißen Vögeln fremd umher. Ich bin froh, als wir unseren Tee – mit einem Zweiglein frischer Minze darin – geschlürft haben und wieder auf der Straße sind.

Es ist nun später Nachmittag, die Pubs haben zum zweitenmal geöffnet. Wir fahren zurück in die Fulham Road, in *The King's Arms.* Araber verirren sich selten in dieses herrliche uralte, tabakbraun gebeizte Gehäuse mit den geprägten Ledertapeten an Wänden und Decke, sie bleiben lieber in ihren *quarters* wie jenem rund um das *Gloucester Hotel.* Hier, eine Meile weiter, ist England ziemlich unter sich. Ein Punk-Trio belegt Plätze an der Bar, zwei Knaben in dunklen Schlotter-Anzügen, mit Strass-Ohrringen und Kettchen und Sicherheitsnadeln, der eine hat gelblichblondgefärbte Haare, der andere einen Nietzsche-Schnauzer und -Kneifer. Das Mädchen wie eine von Mary Quant erfundene Mumie, in einen meterlangen gelben Seidenshawl gewickelt, sie bekommt kaum ein paar Finger frei, um ihren Drink zu halten. Oleya wird lockerer, anschmiegsamer, diesen Teil von Kensington erobert *sie.* Den Clan, erfundene oder leibhaftige große Brüder, dreijährige Motorrad-Rennfahrer, strenge Ölprinz-Väter und Tanten, die Ingwerwein trinken, haben wir weit hinter uns gelassen. Der Abend senkt sich nieder, die drei Punkies sind betrunken, ein junges Paar sitzt steif auf dem Sofa, einen Jagdhund zwischen sich, der genau so steif dasitzt, ein zahnloser Penner lächelt uns an, bis wir ihm ein Bier kaufen, der Wirt mit seinem roten Bart sieht aus wie Leif Eriksons Enkel, und an der Wand ein Schild in mehreren Sprachen belehrt in einer Abart von Deutsch: *Alkohol darff an Personen under achzehn Jearen nich entschenkkt werden* ... – Ich nehme einmal an, Oleya ist achtzehn, sie hat ganz da oben, wo ihr

Mund ist, noch ein paar Gin Tonics eingefüllt und greift mir doch, als keiner hinsieht – oh, Tochter des Orients! – an die Hose.

Sie hat den Abend frei, Vater Scheich ist im *Gallipoli* bei den Bauchtänzerinnen, mit englischen Geschäftsfreunden, von Brüdern und Schwestern ist nicht die Rede. Doch gemach! Nur nichts überstürzen! Zu einem waschechten Kensington Girl hätte man jetzt sagen können: *»This erection is temporary. Shouldn't we go screwing?«*

Aber doch nicht so! Ich rede Oleya also ein, daß wir ins *Tiffany* müssen. Wir segeln mit dem Midget zum Piccadilly, Oleya hat mutig die rechte Hand am mittleren Griff, vom Oberdeck der Autobusse kann man sehen, was sie da macht, ich parke in einer Soho-Seitenstraße. Wir rennen vorbei an grell erleuchteten Auslagen mit aufblasbaren Love-Puppen und riesigen Gummilümmeln und tauchen in die Grotten von *Tiffany.* Disco Feaver. Im Halbdunkel tanzen wir zu *You are the one that I want.* Oleyas Augen funkeln. Immer noch nicht die Old Brompton Road. Wir schweben wieder im offenen Midget durch die Nacht. Wenn wir bei einem Rotlicht halten, stößt Oleya mir ihre Zunge so tief in den Rachen, als wolle sie auch dort nach Öl bohren. Wenn das Vater Scheich wüßte. Ich schaue mich um, ob einer im Burnus schon auf Blutrache sinnt. Ein Araberdolch im Rücken, eine Klinge, in Damaskus geschmiedet und gehärtet: Aus für immer!

Spät in der Nacht fallen wir bei *Annabelle's* ein, Londons schickstem Night Club, alles in Silber, hier geht auch Prinz Charles manchmal hin, erkläre ich, das gefällt Oleya. Wieder tanzen wir, die Stulpen ihrer Stiefel bohren sich zwischen meine Beine, und ihre kräftigen braunen Finger nehmen Ausgrabungen vor. *Kiss you all over...* spielt *Annabelle's* Wahnsinns-Group. Wir taumeln hinaus, immer noch ankern Daimlers und Rolls Royce vor *Annabelle's,* und dann sind wir in Old Brompton Road in meiner Bude, eine *Whimpy*-Reklame taucht uns alle paar Sekunden in grellrotes Licht, ich habe eine spitze Brust in der Hand, die andere Hand ertastet ein vom Liebestau befeuchtetes Tal (ich denke das alles wirklich, ich bin orientalisch infiziert und der große arabische Dichter Omar Khajam ist mein Prophet), und unsere Münder sind aufeinandergepreßt als würden zwei Raumschiffe andocken. Aber dann entwindet sie sich mir, steht da, vom *Whimpy*-Reklamerot übergossen, ihre Brust schlüpft zurück unter das T-Shirt, sie sagt: *»No.«*

Ich weiß, sie meint es. Kein Schäferstündchen in Old Brompton Road. *Draw back,* Macho!

And I do. Aber wir sind für den nächsten Nachmittag zum Freistil-Ringkampf verabredet, den will sie unbedingt sehen.

Wir sitzen in einer Halle mit zweitausend ausgeflippten Cockneys, Reihe eins direkt am Ring, neben uns der Vater des Herausforderers Rocco, ein alter Italiener mit grellkariertem Jackett, schwarzes Menjou-Bärtchen. Er lächelt nie. Rocco, untersetzt, wirkt entschlossen. Seinen Namen hat er groß aufs Turnerleibchen gestickt. Der Gegner ist ein lieber englischer Junge, wie er heißt, erfahre ich nicht, ein Programm zu kaufen haben wir vergessen. Aber immer, wenn der liebe Junge von Rocco eins in die Fresse kriegt, seufzen seine Anhänger: *»Oh, Boy!«* Oleya ist ganz auf der Seite von *Oh Boy,* oft, wenn's spannend wird, krallen ihre Finger sich in meine Hose. *Oh Boy* staunt. Sein Gesicht wird immer länger. Rocco pflastert ihm ein paar rein, daß der Ring bebt, und haut ihn mittels Nelson auf die Bretter. *Oh Boy* liegt da, als sei ein Stück von der Laokoon-Gruppe abgebrochen. Oleya schwitzt vor Aufregung, ihre orientalischen Parfums entfalten sich zu einer betäubenden Wolke, die den Angstgeruch der Kämpfer verscheucht. Roccos Vater schnuppert irritiert. *Oh Boy* mit seinem blassen britischen Körper liegt jetzt seit geraumer Zeit auf den Schulterblättern, der Ringrichter kniet neben ihm und zählt ... und da springt Roccos Vater auf, ein Jubelschrei entringt sich seiner Kehle, er umarmt Oleya, küßt sie, umarmt mich, küßt mich: Rocco ist Sieger!

Schade. Wir hatten auf *Oh Boy* gesetzt.

Es ist ein milder Abend, und der Midget entführt uns themse-aufwärts. Oleya fährt, schnell, konzentriert, häkelt sich durch den Rush-Hour-Verkehr, behext Vorortpolizisten, uns sekundenschnell den Weg freizupfeifen. Wir machen eine Schleife an Windsor Castle vorbei, brausen durch die Hauptstraße von Eaton, obwohl das verboten ist, und dann gibt es einen Ruck und der Karren bleibt stehen, und alle Werkstätten sind zu. Wir gehen in einen Pub, diesmal bin ich fest entschlossen, an der Eroberung Kensingtons unmittelbar teilzunehmen, ich bestelle eine ganze Flasche Beefeater. Oleya staunt, schweigt aber. Und wir trinken, und es wird immer dunkler draußen, der Eingang vom Hotel *Ye Olde Dragon* ist hell erleuchtet. Wir steuern hinüber. In der Halle sitzen stocksteif gelangweilte Eaton Boys mit adretten weißen Kragen, daneben ihre Eltern, sie haben einander nichts zu sagen, die Schüler warten nur, bis die Eltern wieder abhauen, aber die Eltern haben Pflichtgefühl, sie bleiben bis zur letzten Minute. Der Portier beäugt uns, als habe er uns bei der Vergewaltigung eines Schülers ertappt. Ich fasle was von Autopanne, Oleya lehnt trunken und lasziv wie eine Kokotte Cesare Borgias an meiner Schulter, Erklärungen wirken deshalb hier nicht. Aber der Mann hat ein Einsehen, und wir fallen uns in dem dunklen Zimmer in die Arme, und dann fliegen die Holzwürmer aus dem Himmelbett im Tudor-Stil und niemand denkt an England und kein Araber bohrt mir einen Dolch in den Rücken, während ich (Omar Khajam!) die Oasen von Oleyas Körper durchstreife, ihre unbeschreibliche Süße in mich einsauge, auf den Gewürzinseln lande und tausendundein Nächte zu einer zusammenschmelzen lasse.

Später liegen wir da und schauen einander in die Augen, und ich flüstere: »Ich dachte, in Saudi-Arabien wird man dafür getötet.«

»Saudi Arabien?« sagt sie erstaunt mit ihrer tiefen, gutturalen Stimme. »Wir sind aus dem Libanon. Da ist alles viel freier.«

Jungfrau war sie nicht.

Der Bär ist los

Eine Zeitlang arbeitete ich als Berliner Bär. Ich hatte meinen Freund Schnuddel Meier in der *Spritze* getroffen, einer Künstlerkneipe, wo sie das Bier aus Penisgläsern trinken, eine dumme Sitte, man muß das Ding die ganze Zeit festhalten, und das Bier wird warm.

»Haste nu was?« fragte Schnuddel. Ich hatte nichts. War wieder mal abgebrannt. Total. War ja nichts neues. Aber immer unangenehm. »Ich kenne einen, der sucht einen Bär«, sagte Schnuddel. Ich sah ihn an. Verschüttete beinahe mein Bier. »Bin ich ein Bär?«

Schnuddel wedelte mit seiner freien Hand. Seiner fast freien, denn in dieser Hand hielt er eine alberne bräunliche Zigarette, so was, was die Leute aus Indien mitbringen.

Gut. Ist jetzt schick in Berlin. Was also meinte Schnuddel?

Wir hatten nebenbei ein paar Wodka reingekippt, alles auf Schnuddels Rechnung. Aber so viel war's auch nicht, daß er Bären sah. Ersatzweise für weiße Mäuse.

»Ein Photograph«, sagte Schnuddel. »Er macht Photos auf dem Kudamm. Erinnerungsphotos für Touristen. Einer muß sich als Bär verkleiden, der kommt mit aufs Bild. Die Leute haben das gerne.«

Ich hatte nie als Bär gearbeitet, fast niemand hat als Bär gearbeitet, ohne Zweifel ein seltener Beruf. Ich beschloß, es zu probieren. Schnuddel schrieb mir die Adresse auf.

Am nächsten Tag, nicht zu früh, weil mein Schädel mehr brummte, als ein Bär je brummen kann, sogar ein echter, fuhr ich mit der U-Bahn nach Schöneberg. Der Fotograf wohnte in einem dieser vertrackten Häuser, zu denen es mehrere Aufgänge mit derselben Hausnummer gibt, und wenn du fragen willst, ist immer nur ein altes Mütterchen da, das seinen Hörapparat gerade an dem Tag vergessen hat, oder die Batterie ist alle, oder die Frau gehört da gar nicht hin, kennt sich nicht aus, hat nur ein anderes altes Mütterchen besucht.

Endlich stand ich vor einer grün angepinselten Tür, dieses Grün von Gießkannen, die auf den Friedhöfen hinter den Grabsteinen liegen. An der Tür war ein Schild: Milos Stankowski, Fotograf.

Ich klingelte. Es dauerte eine Weile, dann fragte eine weibliche Stimme durch die Tür: »Wer ist da?«

»Der Bär«, sagte ich mit tiefstmöglicher Tonlage.

Entweder machte das die Person neugierig, oder diese Ankündigung bedeutete für sie etwas, jedenfalls ging die Tür auf. Im Halbdunkel des Korridors erkannte ich eine ziemlich junge Schlampe im Bademantel, käsiges Gesicht, aber blau umpinselte Augen. Die Haare standen ihr vom Kopf weg wie Frau Sonne die Strahlen. »Komm Se rin«, sagte sie einladend. Sie deutete nach rechts, wo eine Zimmertür offen stand, ich ging rein, in einem Faltstuhl Marke Albert Schweitzer, Holz mit Leinen bespannt, saß ein Strubbelkopp, der sich zu ungefähr zwei Meter Länge erhob.

»Wolln Se sein der Bär, bitteschön«, sagte er und nickte in Richtung auf etwas Braunes, das zusammengeknüllt in einer Ecke lag.

Bei näherer Besichtigung stellte ich fest, daß es sich um das Bären-Kostüm handelte, eine zottige Kunstfell-Kombination und ein echt aussehender Bärenkopf mit Glasaugen. »Wie guckt man da raus?« fragte ich.

Die Schlampe, die inzwischen auch hereingekommen war und am Türrahmen lehnte, lachte. »Probiern Se mal«, sagte sie. Der Wuschelkopf, Milos der Photograph, nahm ich an, half mir. Ach, du grüne Neune! Nur wer je in einem Pappmaché-Bärenkopf gesteckt hat, wird mich verstehen! Klaustrophobie! Innen ist es dunkel und heiß, sofort heiß, in ein paar Sekunden. Rausgucken kannst du nur durchs Maul, da ist eine rosa Pappzunge, und links und rechts ragen Reißzähne, oben und unten, wie bei Rotkäppchens Wolf. Das alles von innen gesehen.

In diesem Bilderrahmen sah ich die Schlampe, das heißt, mal gerade ihre obere Knutschzone. Wollte ich den Rest sehen, mußte ich den Kopf auf und ab bewegen, gelinde gesagt war das Gesichtsfeld begrenzt. Ich bewegte also den Kopf auf und ab.

»Bravo. Ist gutt so«, sagte Milos. »Schon sind ächte Beweggungen von Brummbär.«

Ich nahm den Kopf wieder ab. Meine Birne glühte. »Wolln Se?« fragte der Löckchenheini. »Probieren auch Fell von Bär an, bitte schehn. Können derweil besprechen.«

Das Fell saß prächtig, unten hatte der Bär so eine Art Gamaschen, mit Gummistrapsen. Ich würde also wenigstens auf meinen eigenen Sohlen laufen.

Milos bot mir zehn Mark die Stunde, ich handelte noch eine Beteiligung pro Photo aus, zusätzlich, was die Schlampe veranlaßte, Seufzer auszustoßen und sich die

Haare zu raufen. Als ob sie nicht zerzaust genug aussah. Am Schluß scheuerte Milos ihr eine, worauf sie ihn anspuckte und »Gastarbeiter-Arschloch« nannte.

Wir zogen los, ich schon im Fell, aber den Pappschädel noch unter dem Arm.

Die Leute schauten.

Am Kudamm, vor'm Hotel Kempinski, setzte ich den Kopf auf. Milos hängte mir noch eine Schärpe um, weiß, rot eingefaßt. In Schwarz war der Berliner Bär aufgedruckt. Ein Bär auf dem Bär! Hirnrissig.

Na gut.

Ich merkte schnell, daß ich mit dem Kopf auch seitwärts pendeln mußte, wenn ich durch die Rachenröhre ein bißchen was sehen wollte. Dadurch glich ich, von außen gesehen, wahrscheinlich einem meschugge gewordenen Tanzbär aufs Haar. Milos meinte jedenfalls, so ginge es, »bitte schehn«, und ein Kind sagte, kaum hatten wir uns aufgebaut, »Mensch, Mutti, kiek mal, 'n Bär. Is der echt?«

Die Mutti drückte sich um eine Antwort, aber sie ließ sich samt Kind photographieren. Das Kind hing irgendwo weit unterhalb meines Pappschädels an meinen kunstbehaarten Braunbär-Beinen, die Tatze legte ich um Mammis Schulter, durchs Maul sah ich Milos, wie er oberhalb meiner rosa Zunge mit der Pentax fummelte, dann war's fertig. Die Mutti entwand sich meinem Arm, ich senkte den Kopf und sah ein Paar Frauenbeine, die in lila Stökkelschuhen ausliefen. Und das Kind, das mit weitaufgerissenen Augen in meinen Pappschlund sah.

Bär ist ein langweiliger Beruf. Wir standen da herum vor dem Kempi, Milos machte die Leute an mit seinem ungarischen Kauderwelsch oder was immer es war, und ich überlegte, was ich tun sollte, wenn ich mal pissen mußte. Wie verhielt sich ein Plüschbär? Nahm ich einfach den Pappkopf ab und ging ins Kempi, unten ins Klo? Und pinkelte ins Becken? Dazu mußte ich den Reißverschluß hinten aufziehen und ... mein lieber Freund und Kupferstecher! Jetzt kam's mir erst! Ich mußte in einer Zelle im Sitzen pinkeln!

Ich winkte Milos und erzählte ihm das, was von außen wieder ziemlich merkwürdig aussehen mußte, weil er ein Ohr an meine Pappnase hielt.

Milos lachte, und damit ich es mitkriegte, hielt er mich bei der Pappnase und lachte mir in die Röhre. Er roch nach Knoblauch. Und nach schlechten Zähnen. Der paßte zu seiner Bademantel-Schlampe.

Ich pendelte wieder mit dem Kopf. Wieviel Leute was gegen Photographieren haben ist erstaunlich. »Nee, heute nich!« - »Keine Zeit!« - »Vielleicht morgen wieder!«

Ein paar heitere Rheinländer stiegen aus dem Stadtrundfahrt-Bus, sie wollten ein Gruppenphoto. Neben mir stellte sich einer auf, Tuchfühlung, und sagte: »Ich bin der Heiner Juppenlatz, von Kölln.« Also bohrte ich ihm meine Pappschnauze ins Ohr und brummte: »Angenehm!«

Milos zappelte hinter seiner Kamera, eine Breitschwanz-Linse hatte er nicht dabei, wer rechnet auch schon damit, daß dreißig Leute zugleich aufs Bild wollen? Sie gruppierten sich dauernd um, eigentlich wollten sie, daß jeder mal neben mich, den Bär, zu stehen kam: »Juppenlatz, jeh weg da!«

Dann gab es wieder lange nichts zu tun. Ein Polizist

kam und fragte Milos nach seinem ambulanten Gewerbeschein. Erstaunlich, er hatte einen! Der Polizist sah mir ins Maul, vielleicht vermutete er einen lange gesuchten Terroristen in dieser Verkleidung (keine üble Idee, wie?), aber dann entschloß er sich weiterzugehen und die Studenten und Künstler zu belästigen, die auf dem Kudamm Gürtel und Schmückesachen feilbieten. Ich hätte gerne mal den Pappkopf abgenommen, inzwischen juckte es mich, aber Milos verbot es mir: »Ist nicht gutt fier Geschäfft.«

Fier Geschäfft war überhaupt nichts gut, aber ich zog am nächsten Tag wieder los mit Milos, und am übernächsten auch, langsam gewöhnte ich mich. Und manchmal kam Milos mit seiner Anmach-Tour sogar an. Dann kauften wir uns Würstchen um die Ecke in der Uhlandstraße, der Wurststand gefiel mir, weil der Verkäufer ein großes Schild an seinem Wagen hatte mit der Aufschrift: »Mit Phosphor!« Er war stolz darauf. Hatte wohl gehört, daß Phosphor gut fürs Hirn ist.

Nach einer Woche kannten wir die anderen Stamm-Arbeiter und Arbeiterinnen in unserem Kietz. Mit Lola waren wir richtig befreundet. Lola wohnte in der Bleibtreustraße und ging Frühstrich bis zum Kempi runter, immer schon am hellen Nachmittag, ihre ungewöhnliche Geschäftszeit mit dem Spruch motivierend: »Was in der Hose los ist, richtet sich nicht nach Tag und Stunde.« Einmal, sie war angeschickert, ließ sie sich mit mir photographieren. Sie flötete in meine Pappschnauze: »Möchte doch gerne wissen, wer in dem Fell steckt!« Ich drehte sie mit meinen Tatzen so, daß ich ihr ins Ohr brummen konnte und sagte: »Um sechs habe ich Schluß. Nimmste mich mit?« Aus meinem Rachen sah ich ganz nahe ihr rosanes Ohr und ein Auge, das sie verdrehte wie ein Pferd, dem man am Zügel reißt, Lola hatte auf einmal viel Weiß im Auge, aber sie faßte sich schnell und sagte: »Jungchen, warum nicht?«

Um sechs, Lola hatte inzwischen noch ein paar gekippt und war in heiterer Stimmung, versuchte ich mitten auf dem Kudamm aus dem Bärenfell zu steigen, aber Milos verbot es mir. Er sagte: »Kannst du gehen mit Fäll. Gütigst nicht verlieren oder beschmutzen. Morgen um zähn weiter.«

So trottete ich als Bär hinter Lola her, bis zur Bleibtreustraße, sie führte mich an der Tatze, es ging über den Hof und im Hinterhaus zwei Treppen hinauf, ich sah Lolas Arschbacken im Maul-Ausschnitt vor mir. Sie schloß die Wohnungstür auf, es roch ein bißchen muffelig, wie in allen Berliner Mietshäusern, als ob Generationen mit ihren Schweißquanten über die Teppiche gelatscht sind.

Durch intensive Kopfbewegungen gelang es mir, ein Bett und eine geblümte Sitzgarnitur ins Blickfeld zu bekommen und am Fenster eine Reihe von Kakteen. Was Lola zu der Frage veranlaßte: »Liebste Kaktusse?«

Ich, der Bär, nickte. Versuchte dann, meinen Kopf abzunehmen. Aber Lola hinderte mich. »Laß ihn auf.«

»Wie?«

»Laß ihn auf.« Sie schob mich sanft aufs Sofa, begann, mich auszupellen. Langte mir an den Rücken, öffnete den Reißverschluß vom Fell. Zerrte mir den Bären runter. In Zeitlupe. Ich sah nichts von ihr durch meine Röhre. Mir wurde heißer in meinem Pappkopf als je zuvor.

An Lola war ein Schlangenmensch verloren gegangen.

Wenn sie mal ein paar Zentimeter Abstand nahm, sah ich, daß auch sie sich ihrer Kleidungsstücke entledigte, auf dem Fußboden lagen Rock und Bluse. Der nackte Bär auf dem Sofa zitterte. Während mein Kopf glühte, fror der übrige Körper.

»Verdammtnochmal«, sagte ich, aber die Worte verschluckte der Pappkopf.

Lola dachte sich wohl: Besser einen Bär auf dem Sofa und einen Spatz in der Hand oder im Mund als gar nichts, ich pendelte mit der Pappbirne, während unten herum viel Lola mich bearbeitete, ich richtete die Schnauze zur Decke und dachte an Bärendreck und Bärenhonig und Bärenklaue und Grizzlybären, Winnetou und Karl May, und dann schrie Lola in meinen Papprachen hinein . . .

. . . Und endlich, endlich durfte ich meinen Pappkopf abnehmen. Meine Omme mußte rot sein wie ein Feuermelder. Lola lag quer über meinen Schenkeln, viel Körper, zweigeteilt durch einen schmalen, schwarzen, in die Haut schneidenden Strumpfhalter. Sie rappelte sich auf. Sagte: »Milos sollte uns photographieren. Nackend. Du mit dem Bärenkopf auf.«

»Was?« Ich suchte meine Klamotten zusammen. Zog mich schnell an. »Das ist doch nicht dein Ernst?« Ich klemmte mir Kopf und Fell unter den Arm. Ging zur Tür.

Lola stand vor ihren Kaktussen. »Bumsibär, komm bald wieder«, sagte sie.

Mit Lola hatte ich ein Faß aufgemacht. Die Woche darauf kam eine mit Porsche, in Reitstiefeln. Sie drückte Milos einen Hunderter in die Hand, lud mich, in voller Bärenuniform, in ihren Schlitten, und ab ging's nach Halensee. Sie hatte ein Schwimmbecken im Keller, geheizt, achtundzwanzig Grad. Ich sollte darin herumpaddeln, den Kopf immer auf.

Ich hab's gemacht. Unten war am Bärenschädel eine Plüschkrempe dran, sie wurde naß. Wir hatten nachher Mühe, sie zu trocknen. Mit ihrem Fön. Die Porsche-Mieze erzählte mir von ihrem Alten, der ihn nicht mehr hochkriegte; jedenfalls bei ihr nicht, woanders schon, meinte sie. Was ging das mich an?

Sie schlug mir vor, mich nach Hause zu fahren, aber ich zog es vor, meine zweite Haut unter den Arm zu klemmen und zu Fuß loszustiebeln. Es war eine schicke Gegend, und ich brauchte eine Weile, bis ich einen Bus fand. Die Leute guckten mich an, wie ich da saß, den Brummbärenkopf auf dem Schoß.

Ich ging direkt in die *Spritze.* Schnuddel saß schon da, dieses dämliche Schwanz-Bierglas in der Hand. Ich erzählte ihm, was ich erlebt hatte. Er lachte wie ein Mainzelmännchen. Ich sagte: »Lach doch nicht. Ist doch nicht komisch, daß ich immer die Pappbirne aufbehalten muß.«

Schnuddel war entschlossen, das normal zu finden. »Sei froh, wenn du nicht alles mitkriegst«, sagte er. »Andere Leute müssen das Licht ausdrehen.«

Wieder eine von den Weisheiten, die mein Bärenkostüm den Leuten anscheinend entlockte. Ich bestellte mir einen vierfachen Wodka auf Schnuddels Kosten. »Du bist schuld, wenn ich zum Psychiater muß«, sagte ich. Schnuddel meinte: »Brumm nicht.«

Der Bär lag auf der Bank neben uns. Mit seinen Glasaugen sah er uns an.

Wir beschlossen, eine Runde durch die Kneipen zu machen. Die Filmfestspiele hatten begonnen. Bei *Diener* saßen ein paar Filmheinis, die alle den Pappkopf anprobieren wollten. Sie hatten einen duften Hasen dabei, eine Blonde, die auf Marilyn Monroe machte. Sie hatten mächtig einen in der Krone, Blondchen lallte und warf Gläser um. Einer von den Kinotypen, der nach Produzent aussah, nicht mehr ganz frisch, Halbglatze, aber dunkel gefärbte Koteletten, meinte: »Babsi, setz doch mal den Kopp auf. Und denn mach 'n Strip.« Die Blonde schaute von schräg unten, sie hatte Gleichgewichtsprobleme und ankerte deshalb mit den Unterarmen auf dem Tisch. »Meinste?« fragte sie.

Der Kellner kam, wand sich und sagte: »Aber meine Herren, nicht in diesem Lokal . . .«

Der Produzent wischte diesen ohnehin zaghaft vorgebrachten Einwand durch Überreichung eines zusammengerollten Geldscheins hinweg. Babsi stand auf, stülpte sich den Bärenkopf über und begann, sich aus ihrem Rock zu wriggeln. Die Filmknülche lachten Tränen. Mit gewisser Berechtigung, denn die Ersatz-Marilyn kam mit dem Bärenkopf schwer zurecht und taumelte hin und her. »Wenn sie den Kopf kaputtmacht?« flüsterte ich. Schnuddel winkte ab. Schaute fasziniert zu, wie Blondie ihre Titten auspackte. Es waren welche von der lockeren Art. Vanillepudding mit zwei Kirschen. Leider. Aus der Filmrolle würde nichts werden.

Den Slip auszuziehen weigerte sie sich. Der hinterlistige Kellner erkannte den taktischen Moment. Trat herzu, nahm Blondie den Bärenkopf ab. Legte ihn auf den Fußboden. Reichte Blondie die Kleider.

Blondie nahm Platz und schüttete ein Glas Sekt in sich hinein. Lächelte dem Produzenten zu. »Braves Kind«, sagte der und tätschelte ihren wieder verpackten Wackelpudding. Irgendwo war es dann geschehen. Als wir bei *Leydicke* am Tresen standen, es war circa die siebte Kneipe, in der wir festmachten, sagte Schnuddel: »Wo haste deinen Bär?« Der Bär war weg!

»Verdammtnochmal, eben hatten wir ihn noch. Wo waren wir denn zuletzt? Warte mal ... Von *Diener* sind wir ... Aber da war der Bär noch da!«

»Vielleicht haben wir ihn im *Ku-Dorf* ...«

»Nee, bestimmt nicht. Ich weiß genau ...«

»Ach, nischt weißte.«

»Du hättest ja auch ein bißchen aufpassen können«, sagte ich. Schnuddel fragt spitz: »Is det mein Bär?«

Wir gingen zurück in die *Spritze.* Schnuddel stieß mich an.

»Kiek mal«, sagte er. »Wat liegt denn da?«

Auf einem Stuhl lag der Bär! Jemand hatte ihn abgegeben. So was! Verblüffend, wie bekannt der Bär war.

Wir bestellten eine Flasche Wodka.

Der nächste Tag fiel aus. Milos sah ich erst einen Tag später wieder. »Du sein großes Bären-Mistviech«, sagte er. »Ist Ungehäuerlichkeit. Such ich anderes Bär.«

»Ach, halt die Klappe«, sagte ich. »Den Hunderter von der Porsche-Tante haste eingeschoben.«

Milos machte kleine Augen. Ein paar Engländer kamen, die sich mit Bär fotografieren lassen wollten. Ich schlang die Tatzen um sie und blickte durchs Maul auf Milos mit seiner Kamera. Am Nachmittag machte uns einer an, der aussah wie aus lauter Kartoffeln zusammengesteckt, die Nase war eine Miniknolle an einer großen Knolle. Obendrauf trug er eine Art Barett wie Martin

Luther. Er war Vorsitzender von einem Kleingartenverein und wollte, daß wir zum Frühlingsfest kamen, am nächsten Sonntag. Laubenkolonie. Milos zögerte, Sonntags lag er lieber mit seiner Schlampunia in den Federn und ließ sich die verölten Locken kraulen. Aber ich nickte dauernd zu den Ausführungen des Knollen-Präsidenten, wie ein Tanzbär mit Wurm im Hirn, was der Mann für eine Zusage hielt. »Biste varrickt vollkommen«, sagte Milos zu mir, als der Kunde weg war. »Scheenes Sonntag im Eimer. Und Verdienst, no? Niemand wird sich lassen abknipsen mit Bär in Kolonie.«

Am Sonntag fuhren wir mit Milos' altem VW-Käfer in den Berliner Norden, zur Kolonie *Waldeslust.* Natürlich war kein Wald da. Allerlei geschecktes Volk füllte den Festplatz, es war ein heißer Tag, die Mädchen trugen keine Strümpfe, und die ollen Leute schwitzten in ihren Sonntagsgewändern. Sie hatten Abzeichen angesteckt, Chrysanthemen aus Plastik, statt Eintrittskarte.

Auf dem Festplatz das Übliche: Schießbuden, Würfelbuden, ein Zauberer, aber auch ein richtiger Schießstand, weil ein Schützenverein teilnahm. Und ein Tanzbär. Ein dunkler Makkaroni-Benito führte ihn an der Kette. Wollte sich der Lauben-Präsident einen Witz mit uns machen?

Ich konnte nicht weiter darüber nachdenken, weil Milos mir den Kopf überstülpte.

Old-Knolle, der Lauben-Vorstand, der uns engagiert hatte, begrüßte uns. Mich, indem er mir die Tatze schüttelte. Wir mischten uns unters Volk, aber es war zu sehen, daß sie ein bißchen betrunkener sein mußten, bevor sie Geld für Photos mit Bär ausgaben. Ich schlug vor, daß wir uns zum Zauberer ins Zelt setzten und abwarteten.

Der Zauberer war sehr nett, wir durften hinter der Bühne auf Brauerei-Klappstühlen Platz nehmen, und seine Assistentin holte uns Cola. Weil ich den Kopf abhatte, kriegte ich mit, daß sie sehenswert war, eine Kellerkindschönheit, mit schmachtenden Augen und Schlangenlöckchen. Sie strich mir mit ihren silbernen Krallen über das Bärenfell, der Zauberer mochte das nicht, kam längs und klopfte ihr auf die Pfoten. Sie hieß Luella, ob wirklich oder für Zauberzwecke weiß ich nicht, und ließ sich auch, in Abendvorstellungen, in einem Kasten liegend von ihrem Herrn und Meister zersägen.

Zwischendurch lief die Schau, die beiden verschwanden, Milos und ich saßen allein hinter der Bühne. Ich fragte Milos, ob wir nicht einen Schnaps trinken sollten zu der faden Cola. Milos wuchs über sich selbst hinaus und holte eine Flasche Heidemärker Doppelkorn. Eine kleine Flasche. Bis dahin hatte ich nicht gewußt, daß es Korn auch in kleinen Flaschen gab.

Allmählich faßten wir Mut. Die Leute draußen waren ein bißchen lauter geworden. Vielleicht ließen sie sich jetzt fotografieren? Wir gingen hinaus. Milos begann mit seiner Anmache. Ich wackelte mit dem Plüsch-Schädel. Sofort waren wir umringt von lustigen Laubenpiepern. Das Geschäft lief. Milos knipste. Ein Kunde war besonders lustig, er goß dem armen, armen Bär ein Glas Bier in den Rachen. Das Bier lief innen an mir herunter, ich versuchte, mit den Tatzen das Fell zu greifen, natürlich ohne Erfolg, aber es sah anscheinend putzig aus. Das Volk lachte. Sie drehten mich im Kreis, der Heidemärker stieg mir in den Kopf, in meinen richtigen, sie zogen mich fort über den Festplatz. Wo Milos blieb, konnte ich nicht sehen. Auf einmal knallte es laut, der Teddykopf wurde zur Seite gerissen. Ich packte ihn und nahm ihn ab. In der Nase: Zwei Löcher! Ist ja normal, daß in einer Nase zwei Löcher sind. Nur saßen diese nicht vorne, sondern seitlich. Eins links, eins rechts. Es handelte sich um Ein- und Ausschußloch einer Kleinkaliberkugel.

Ich sah mich um. »Wer war das?«

Das Volk lachte. Von weitem sah ich Milos kommen. Er weinte fast, als er die Löcher in der Bärennase sah. »Wer ist gewäsen?« fragte er. Schließlich meldete sich die Type. Es war einer vom Schützenverein. »Ein Versehen«, sagte er. »Entschuldigung.«

Ein Mädchen brachte Schnaps. Auf sein Geheiß. Lauben-Präsident Knollennase legte sich uns zu Füßen. Sagte er wenigstens. Und: Daß er untröstlich sei.

Milos sagte immer wieder: »Scheenes Bär kaputt.«

Der Meisterschütze, ein Eisenwarenhändler aus Reinickendorf, bot uns Wiedergutmachung an: Wir sollten mit ihm segeln, er habe eine Jolle auf der Havel, ob wir Dübel billiger haben wollten oder eine Bohrmaschine oder einen Fleischwolf . . .

»Mann, was 'n Scheiß«, sagte ich zu Milos. »Laß uns hier abhauen.« Aber sie ließen uns nicht weg. Die Ehrenjungfrauen, sie hatten Schärpen mit Berliner Bär drauf wie ich, belagerten uns, eine brachte Streuselkuchen, gleich ein ganzes Blech, sie stopften uns den Kuchen rein, das machte wieder Durst, an Kaffee hatte keiner gedacht, wir tranken Bier, das der Eisenwarenhändler spendierte. Den Pappkopf stülpten sich wieder mal andere auf. An Holzmasten hingen Lautsprecher, aus denen Musik dröhnte, die Sonne brannte. Ich versuchte einige

Male, aus dem Fell zu kommen, aber dazu hätte ich vorübergehend auf einem Bein stehen müssen. Photographieren lassen wollte sich keiner mehr.

Luella kam. Fragte: »Ist es wahr, daß dir einer in die Nase geschossen hat?« Ich deutete auf den Bärenschädel, Milos hatte ihn gerade im Arm, er weinte nun tatsächlich und hatte einen Zeigefinger durch die Schußlöcher gesteckt. Luella sagte »oh«, und ob sie auch mal den Finger reinstecken dürfe, was Milos gestattete. Es sah grauenhaft aus, wie Luellas silberlackierter Fingernagel an der anderen Seite aus der Bärennase kam.

Irgendwann ist jede Sensation vorbei. Die Neugierigen verkrümelten sich. Übrig blieb eine Ehrenjungfrau, eine blonde Bohnenstange. Ihre Brüste mußte sie nicht unter der Schärpe verbergen, sie hatte keine. Flach wie eine Klavier-Transportkiste. Auch der Meisterschütze und seine Kumpels zeigten Anhänglichkeit. Sie schleppten Stühle heran, und ein leeres Faß als Tisch. Die Bohnenstange rannte fort, um mehr Bier zu holen.

Sie soffen. Einer machte Milos den Vorschlag, er wollte das Bärenfell mieten und mit dem richtigen Tanzbären Duett tanzen. »Warum bloß mit meine schöne Bär immerzu?« klagte Milos. Aber ich hatte die Gelegenheit benutzt, endlich das heiße Plüschding auszuziehen. Die Ehrenjungfrau guckte zu, als erwarte sie, daß ich nackt darunter war. Ich enttäuschte sie.

Der Schießbudenheini, der so scharf darauf war, Bär zu spielen, schlüpfte in die Kombination und stülpte den Schädel auf. Er schwankte über den Festplatz, Richtung Tanzbär. »Prego, was wollen?« fragte der Bärenführer. Die Schützen verklickerten es ihm.

Der richtige Bär stand ruhig da, die Tatzen hingen ihm an den Seiten herunter. Ein bißchen ähnelte er der flachbrüstigen Ehrenjungfrau.

Der Bärenführer wickelte sich die Kette ums Handgelenk, an der er den Bären führte. Er zog eine Flöte aus der Jacke und fing zu spielen an. Der Bär, der echte, begann sich in den Hüften zu wiegen. Wie es ihm beigebracht worden war. Der falsche Bär in unserem Fell machte es ihm nach. Die Kumpels standen drum herum und lachten. »Schneller«, rief einer. Alle riefen durcheinander: »Schneller. Los doch.«

Milos fotografierte. Der richtige Bär guckte ein bißchen komisch. Aber er drehte sich nach der Melodie, die der Bärenführer auf der Flöte blies.

Wir zogen eine Menge Zuschauer an. Die beiden Bären wackelten im Staub. Die Leute klatschten in die Hände, zum Takt der Melodie. Plötzlich, es geschah blitzschnell, gingen die Bären in den Clinch. Sie wälzten sich auf dem Boden. Welcher war welcher? Der Bärenführer hatte seine Flöte weggeworfen und zerrte an der Kette. Die Leute kreischten. Liefen weg. Nur die Ehrenjungfrau blieb stehen. Rang die Hände. Milos rief: »Scheenes Uniform!« Braune Plüschfetzen wirbelten durch die Luft.

Endlich gelang es dem Bärenführer, den Tanzbär zurückzureißen. Er führte ihn ab. An der Kette. Zu seinem vergitterten Wagen. Am Boden lag, im zerfetzten Plüschfell, der Schütze. Blut lief aus einer Wunde am Bein. Die löchrige Schnauze des Pappkopfes zeigte zum Himmel.

Jemand beugte sich über den Verletzten. Zog ihm den Bärenkopf von den Schultern. Man rief nach dem Notarzt. Die Zuschauer strömten wieder herbei. Old-Knolle kam angerannt, bahnte sich einen Weg. »Zurücktreten«, rief er. Unter seiner Luthermütze liefen Schweißrinnsale hervor. Niemand hörte auf den Lauben-Präsidenten.

Der Mann am Boden schlug die Augen auf. Seine Kumpels hoben ihn hoch und trugen ihn zum Zauberer-Zelt. Luella stand im Eingang, als wollte sie die nächste Nummer ansagen. Hob das Zeltdach an, damit die Träger mit dem Verletzten eintreten konnten.

Ich stand alleine auf dem staubigen Festplatz. Mit Blaulicht und Sirene kam der Notarztwagen. Milos war nicht zu sehen. Wahrscheinlich war er mit in das Zaubererzelt gegangen.

Ich hob das zerfetzte Bärenfell auf. Und den ramponierten Pappkopf. Ging hinüber zu dem Gitterwagen, in dem der echte Bär eingeschlossen war. Er stand in der Ecke, diesmal auf allen Vieren.

Der Bär sah mich an.

Ich sah den Bär an.

Lange.

Die Erbschaft

Mrs. Brown fiel auf, wenn sie am See promenierte, in schwarze, wehende Kleider gehüllt. Ihr Sonnenschirm, schwarz wie Rock und Bluse, tanzte als düsterer Fleck vor dem firnblauen Himmel Luganos. Seine Spitzenvolants warfen Schatten auf Brownies Gesicht. Alle sagten »Brownie« zu ihr. Manchmal hörte sie es, manchmal nicht. Wegen altersbedingter Schwerhörigkeit trug sie einen Apparat im Ohr. O ja, Brownie war betagt und geschrumpft, doch ihr Hüpfschritt täuschte darüber hinweg.

Von New York, wo sie in wohlhabensten Umständen am Riverside Drive lebte, reiste sie jeden Sommer nach Lugano. Ich hatte Brownie, zeitgeschichtlicher Umstände wegen, seit meiner Kindheit nicht mehr gesehen und war erstaunt und gerührt, als ich ihre Einladung ins Tessin erhielt. Am Beginn einer journalistischen Laufbahn stehend, war ich knapp bei Kasse und wußte es zu schätzen, daß meine Gastgeberin die Hotelrechnung übernahm. Bereits die Anreise nach Lugano überstieg fast meine Möglichkeiten.

Zu jener Zeit - das alles ist Jahre her - kochten die ticinesischen Italiener dreimal so gut wie die Schweizer und waren fünfmal so lustig. Lugano fand man zwar nicht auf der Liste der zehn amüsantesten Städte der Welt; doch in einem Land, das gleich zwei Reformatoren, Calvin und Zwingli, hervorgebracht hat, war Lugano eine Reise wert.

Browniе residierte in einem patinierten Kasten von Luxushotel. Abgestandene Luft hing in den düster getäfelten Sälen. Im Dämmerlicht schimmerten bleich die Gesichter des Personals. Wir trafen uns in Speisesaal. Eine Gesellschafterin mit straff am Kopf liegendem grauen Haar begleitete meine Gastgeberin. »Der Junge«, sagte Brownie und sah zu mir auf. Sie deutete auf ein an ihrer Bluse befestigtes Kästchen, in das ich sprechen sollte. Während der Tage, die ich an Brownies Seite und an der Seite der Gesellschafterin zubrachte, beugte ich mich zu diesem Kästchen hinab - außer, der Hörapparat war ausgeschaltet.

Vier Sommer lang reiste ich nach Lugano. Brownies Stiefsohn, ein vielversprechender junger Dichter, war im Ersten Weltkrieg gefallen. Ein dünner Band mit seinen Werken war erschienen und zum Bestseller geworden. Inzwischen hatte ein weiterer Weltkrieg den Ruhm des Dichters ausgelöscht. »Man muß etwas für diese Dichtung tun«, insistierte Mrs. Brown.

Ich beugte mich hinunter und versprach ins Kästchen, daß ich mein Möglichstes tun würde.

In einem Antiquariat fand ich das Buch, las, was der »Frühvollendete« - dies Wort kam im Titel vor - geschrieben hatte und fand, daß meine Gastgeberin recht hatte. Es gelang mir, in den verschiedensten Zeitungen Artikel unterzubringen, in denen ich auf das Werk des Dichters hinwies. Schließlich fand sich ein Verleger, eine Neuausgabe des Buches erschien. Ich gestehe, daß ich mir von meiner Tat Vorteile versprach. Die Gesellschafterin blickte mich bereits an, als fürchte sie, daß ihr Erbe durch mich geschmälert würde - eines Tages.

Brownie hüpfte neben mir über die Seepromenade, die Volants an ihrem Schirm flatterten. Es war ein sehr kleiner Schirm, der letzte von einem Dutzend, sagte sie, das ihr 1921 ein Schirmhändler in Mailand hatte anfertigen lassen. »Junge«, rief sie, auf meine literarischen Vermittlungen anspielend, »ich bin dir ewig dankbar!« Sie schaltete ihren Apparat ab und erzählte, wie stets auf unseren Spaziergängen, von ihrem Leben »drüben«. Sie hatte selbst einige Bücher verfaßt. Ihre Bibliothek in dem Apartment am Riverside Drive bestand aus sechstausend Bänden. »Mein Schreibtisch stammt aus Schloß Fontainebleau«, zirpte Brownie. »Napoleon hat daran geschrieben. Ich habe ihn aus Deutschland herübergerettet, als die Nazis kamen.« Der amerikanische Teil ihrer Familie, Pittsburghs Stahlbaronen zugehörig, mehrte seine Dollars und ermöglichte Brownies Lebensstil.

Vier wunderbare Sommer. Als ich die Einladung zu unserem fünften Treffen erwartete, schickte mir die Gesellschafterin eine Traueranzeige. Brownie war gestorben.

Kurz darauf schrieb ein New Yorker Anwalt, daß ich im Testament von Mrs. Brown - »the late Mrs. Brown« - berücksichtigt sei. Einzelheiten teilte er nicht mit.

Glanzvoll ist der Zustand des Erbberechtigten. Ich malte mir aus, daß Brownie mir ihre Bibliothek vermacht hätte. Oder jenen Schreibtisch, an dem Napoleon ...? Der mich zu eigenen literarischen Werken inspirieren würde?

Oder Geld. In Stahlbaron-Familien setzte man gewiß Legate aus. In meiner Phantasie investierte ich bedeutende Summen zwecks Anhebung meines Lebensstils.

Ein paar Wochen geschah nichts. Dann erhielt ich die Mitteilung, das Testament sei angefochten. Monate vergingen. Fast hatte ich die Angelegenheit aus dem Gedächtnis verloren, als der Anwalt mitteilte, das Erbe werde verteilt, unverzüglich.

Sollten sich wirklich, wie im Märchen, meine Lebensumstände ändern? Gewissermaßen über Nacht? Ich schlief schlecht; prüfte die Wechselkurse in der Zeitung. Dachte allerdings auch darüber nach, was ich täte, wenn plötzlich sechstausend Bücher geliefert würden.

Warten. Dann eine Mitteilung vom Zollamt, eine Sendung liege für mich bereit. Also kein Bargeld. Vielleicht doch Napoleons Schreibtisch? Glücklicherweise war mein altes Auto mit einem Dachgepäckträger ausgerüstet.

Der Zollbeamte reichte mir ein würfelförmiges Paket, Kantenlänge etwa fünfzehn Zentimeter. Absender: Der Testamentsvollstrecker aus New York. »Ist das alles?« fragte ich. Der Zollbeamte nickte.

Ich öffnete das Paket. Im Karton befand sich viel Watte, und in der Watte eine eiserne Taschenuhr. Auf dem Deckel war eingraviert: »Gold gab ich für Eisen.«

Ein Zettel klärte mich auf, dies sei die Uhr, die der frühvollendete Dichter an jenem Tag getragen hätte, als ihn vor Verdun die Feindeskugel traf.

Mensch, Uschi!

Wie lange kenne ich Uschi? Ich erinnere mich, als sie acht war, riefen ihre Eltern abwechselnd (und wir konnten es über den Gartenzaun hören): »Mensch, Uschi!« Manchmal rief der Vater: »Mensch, Uschi! Reiß dir zusammen!«

Es handelte sich, wir erfuhren es von Uschi, um Schulprobleme, meistens Rechnen und Aufsatz. Wir sahen das nicht tragisch, Uschi konnte prima mit Lehmklumpen werfen, einen davon habe ich an den Kopf bekommen. Ein bißchen später verliebte ich mich in Uschi, wurde zu ihren Doktorspielen zugelassen, die im Holzschuppen stattfanden. Da sich alle Jungen in unserer Straße in Uschi verliebten, mußte ich den Vorzugsplatz an ihrer Seite bald wieder räumen. Aber ich hatte ihr sämtliche Witze erzählt, die ich in der Donnerstagbeilage »Brummbär« der Berliner Morgenpost gefunden hatte.

Als ich Uschi zwei Jahrzehnte später wiedersah, wirkte sie elegant. Teure Lumpen, raffiniertes Make-up. Fremdsprachen-Korrespondentin, hochbezahlt. Bei einer Illustrierten gelandet. Sie begleitete einen Reporter in den Spreewald. Der Spreewald lag nun in der DDR, leicht war da nicht hinzukommen, aber die Illustrierte hatte alles organisiert.

Wir verabredeten uns für den nächsten Morgen zum Frühstück, mit dem Reporter. Wer nicht kam, war der Reporter. Wir fanden ihn in der Notaufnahme vom Hubertus-Krankenhaus, jemand hatte ihm, nachts in einer

Bar am Stuttgarter Platz, eine Flasche über den Deetz gebraten.

Der Reporter war unkenntlich infolge eines turbanähnlichen Verbandes, der sich um seinen Schädel schlang. Eigentlich sah er aus wie Khomeini ohne Bart.

Die Zeitung arrangierte alles, ein anderer Reporter wurde angesetzt. Uschi wollte nicht mehr in den Spreewald, sie hasse Wasser und Kanäle und Kähne »und all so'n Quatsch«, sagte Uschi. Nicht gehaßt hingegen, sondern geliebt habe sie den Reporter, – sie liebe ihn immer noch, trotz des Verbandes um den Kopf. »Wenn er aus seinem Khomeini . . . aus seinem Koma aufwacht«, kalauerte Uschi, »will ich da sein. An seinem Bett, verstehste?«

Ich behauptete, das verstünde ich. Die Illustrierte jedoch nahm keine Rücksicht auf private Gefühle. Mit zwei Tagen Verspätung, einen anderen Reporter an ihrer Seite, sollte Uschi in den Spreewald dampfen. »Wat soll ick da?« fragte Uschi. »Mir 'ne saure Gurke kaufen?«

»Saure Lübbenauer – ißt Bürger, Bauer« fiel mir ein; der Werbespruch stammte aus dem Kolonialwarenladen meiner Tante Hedwig. Wir schüttelten die Köpfe wie Suppenhühner kurz vorm Geschlachtetwerden. Dann fiel Uschi ein, wo der Schlüssel für ihre alte Laube hing, und ich trug den Schlüssel für meine Laube in der Tasche. Nach wie vor waren wir Nachbarn in der Laubenkolonie »Tausendschön«, die alle Mißgeschicke unserer Epoche überdauert hatte, Brandbomben, Planierraupen und Stadtplanung. »Mensch, Uschi!« Ich schlug vor, daß wir die Lauben aufmachten, um diese Jahreszeit vielleicht noch ein bißchen maikühl, aber wir heizten eben die Kanonenöfen.

»Rufste paar Freunde an? Sigi, Ingrid, Bernie, Kalle mit seiner neuen Maus?«

Die Doktorspiele-Liste. Uschi hatte sie im Kopf.

Uschi meinte, wir sollten in meiner Laube feiern, der Ofen sei besser. Ingrid kam früher. Als Luderchen hatte ich sie in Erinnerung, viel Weiß im Auge, magere Schultern. Ein rosa Pfirsich rollte heran. Na, gut. Dies war kein Tanzabend mit Ringelpiez und Anfassen. Die Mädels machten Kartoffelsalat, natürlich gabs Kartoffelsalat mit Würstchen. Ich stellte mein Bierfäßchen auf, die Schnapspullen blieben hinter der Laube kühl. Einen zerknautschten Lampion mit krummer Kerze hißte ich am Pumpenschwengel, mochte der Papiermond unseren Gästen leuchten.

Die anderen trudelten auf einmal ein. Mensch, wie lange haben wir uns nicht gesehen? Das war der Tenor. Viel Schulterklopfen. Ein paar graue Haare waren feststellbar. Na ja, wir werden alle älter.

Sie bewegten sich, wie ich es in Erinnerung hatte. Nur ein bißchen langsamer, - schwerfällig möchte ich nicht einmal sagen. »Wo iss'n der Schnaps?« - Bernie, natürlich. Hatte als erster von uns geraucht. Schwarz-Weiß-Zigaretten. Blieb die Uhr von stehen, und die Tapete fiel von den Wänden. Logo, der schrie als erster nach Schnaps.

Jede Menge weiterer Weißtenochs, Uschi auf dem Schützenfest, sie ballerte zielsicher die Schießbude zusammen, bis sie einen Teddy von etwa einsachtzig Größe überreicht bekam. Mag sein, daß er damals kleiner war, der Bär. Heute war er einsachtzig. »Mann, war der Schießbudenonkel sauer!«

Ich zeigte meine Narbe von dem Lehmklüter, den

Uschi mir an den Kopf geworfen hatte, »an die Birne«, wie sie sich ausdrückte. Die Narbe war klein inzwischen, kaum sichtbar. Heute abend wurde sie riesengroß. Mein halber Kopf war im Eimer, von Uschis Lehmklüter!

Und Sigi? Der starke Sigi? Damals, wenn wir Zirkus spielten, als Untermann tätig, menschliche Pyramide. Kinder und Militär zahlen die Hälfte. Militär kam nicht, die Erwachsenen grinsten wie Verblödete aus der Taubstummen-Anstalt. Sollte heißen: Wir sind stolz auf euch, aber eigentlich verstehen wir gar nicht, was ihr da macht.

Wie sollten sie auch? Frontkämpfer a.D., in harten Materialschlachten geprägt.

Wer hatte das gesagt? Kalle? Der hätte damals seinen Alten am liebsten umgebracht. Weil Kalle sich genierte. Wenn jemand Heilhitler sagte, antwortete Kalles Oller mit »Juten Morgen«. Oder »Mahlzeit«. Ging nicht mit der Zeit, der Alte. Kalle war bereits Jungzugführer.

Basta. Inzwischen alles Paletti. Kalle dachte jetzt anders darüber; wie, war nicht feststellbar, nach dem vierten Korn warf er wiederholt ein: »Ne Bulette is keen Pferd.«

Hatte ja keiner behauptet. Der Kanonenofen bollerte. Uschi machte ’nen halben Striptease, weil ihr heiß wurde. Sie schlängelte sich aus dem Pulli, nach der Art, wie Frauen so was machen, mit den Armen hinter dem Rükken verknäult, was kein Mann kann, außer gewissen Artisten. Bernie fielen die Augen fast raus, weil Uschis Erker jetzt in so ’nem grünen, durchsichtigen Ding schlenkerten. Kalles Maus, eine feine, kleine mit Ohrringen wie Gullydeckel, schaute erst mucksch, dann wickelte sie sich obenrum aus wie ’ne Mumie auf’m Pergamonaltar oder wo die hingehört.

Was soll ich sagen? Die Kleine, Feine hatte auch so was Durchsichtiges drunter, in Schwarz. Rabenschwarz, wie ihre Haare und ihre Ohrringe. Da mußte man direkt weiterdenken. Ich sagte zu Uschi: »Die mußte in 'n Spreewald mitnehmen. Ihr beide an Bord, und der Kahn wakkelt.«

Uschi wurde still, wahrscheinlich dachte sie an den Turbanheini im Krankenhaus. Sie mußte vier doppelte Klare verlöten, dann kam sie wieder auf die Beine. Wir sangen »La Paloma«, Sigi blies die Mundharmonika. Danach spielten wir »Arsch auf'n Stuhl«, da muß man dauernd Ex trinken. Ich vergaß, zu erwähnen, daß auch dem runden Pfirsich Ingrid heiß wurde, sie trug Hellblau unter ihrer äußeren Hülle, Büstenhalter und 'ne Art Unterrock, - ich hatte gedacht, so was gibts gar nicht mehr.

Was die anderen Mädels taten, wegen der Hitze, ist mir entfallen, irgendwann war ich ziemlich tief ins Faß gestiegen. Uns Kerls konnte die Temperatur Wurst sein, wir saßen in Hemdsärmeln um den Tisch. Ab und zu ging einer in den Garten pinkeln, kam wieder rein und sagte, daß es draußen maikühl sei. Na, bitte.

Wenn es später Strip-Poker gab oder so was, ist es mir entfallen, ich hab da 'n Filmriß. Kann vorkommen. Besonders, wenn man alte Freunde sieht. Wir schluckten mächtig was weg an dem Abend.

Irgendwann war alles besprochen oder der Schnaps war alle oder das Bier oder beides. Einer nach dem anderen machte 'ne Fliege. War auch Zeit. Im Osten wurde es bereits hell. Kalles schwarzer Deibel schimpfte wie ein Rohrspatz, weil er ihr einen Fleck auf's Hemde gemacht hatte. Soviel verstand ich. Auch, daß er sich im Rausgehen das Blut von der Backe wischte, da hatte sie ihn gekratzt. Spuren von vier Fingern. Die hatte aber auch Krallen! Da brauchte man keinen Schraubenzieher mehr.

Zum Schluß sah ich Uschi den Gartenweg langgehen, langsam, aber schnurgerade, als wenn die Verkehrspolizei ihren Alkoholpegel prüfte. Nur schien sie mir in die Breite gegangen. Stark in die Breite. Ich also die Lampen aus, der Lampion war von selbst erloschen. Es stank ziemlich nach Bier, aber hinten in der Stube, wo die Mäntel der Gäste auf der Chaiselongue gelegen hatten, war es auszuhalten.

Ein bißchen schwankte der Kahn, ich mußte zu meinem alten Rezept greifen, mich auf den Bauch legen und eine Hand und einen Fuß auf dem Boden abstützen. Hilft garantiert, jedenfalls bei mir. Irgendwann bin ich dann eingeschlafen, ich hörte noch Hähne krähen. Ein paar Unverbesserliche hatten nicht mitgekriegt, daß die Blokkade seit einigen Jahrzehnten vorbei war. Sie hielten Federvieh. Ein Hahn am Morgen stört, besonders nach solcher stramm durchfochtenen Nacht. Wie ich gerade schön träume, von Uschi und Ingrid als Mischung und ich der Doktor, Stethoskop und alles dran, geht die Tür auf, mit 'm Ruck, die Waschschüssel fällt um, die ich unter den Bierhahn gestellt hatte.

Im Türrahmen: Uschi. »Wat denn nu?« fragte ich. »Ich denke, du bist im Spreewald.« – »Doch erst morgen, du Dussel«, sagt sie, dann kommt sie auf mich zu, immer noch im Breitformat. »Ick blute«, sagt sie, »ick bin in die Rosen jefallen.« Im Morgenlicht sah sie wirklich mitgenommen aus, lauter Schrammen im Gesicht und Pfoten wie Frankensteins Exbraut. Kam gar nicht dazu, sie zu trösten. Sie sank auf mein Bett nieder und flennte. »Ick konnte die Tür nich finden«, schluchzte sie. »Und als ick die Tür jefunden hatte, paßte der Schlüssel nicht. Kein Schlüssel paßte von det Riesenbund!«

Sie streckte mir die Hand entgegen, Morgensonne blitzte auf einem Schlüsselbund, das mir fremd vorkam, kein Laubenschlüssel hing daran. Außerdem baumelte der Laubenschlüssel unter der Dachrinne, seit zwanzig Jahren oder länger. »Haste unter der Dachrinne?« fragte ich. Uschi winkte ab. »Ick hab'n in den Mantel ... Mann, glaub mir doch!«

Ich rückte ihr mit meinem Adlerblick zu Leibe. »Mensch, Uschi«, sagte ich. »Det is nich dein Mantel. Det is Kalles Mantel.«

Uschi blickte an sich herunter. »Wat sagste? Du jrüne Neune. Weißte, wat passiert is? Ick habe Kalles Mantel angepellt, über meinen drüber.« Sie sprang auf, knöpfte, Mantel zwei oder Mantel eins, je nachdem, von welchem Ende man zählt, kam zum Vorschein. Uschi griff in die Tasche und - zog ihren Laubenschlüssel heraus.

Na ja. Armer Kalle. Hatte sicher inzwischen 'ne Bronchitis. Wieso hatte der nichts gemerkt? Weil er sich das Blut abwischen mußte?

Die Nacht war sowieso im Eimer. Und drüben der Ofen aus. Ich rückte zur Seite. »Komm in die Falle«, schlug ich vor. Uschi murmelte: »Laß mich erst die Mäntel ausziehen ...«

No sports

Heribert, von beachtlichem Leibesumfang, hielt von sportlicher Betätigung wenig oder gar nichts. Kam die Rede auf solcherart erzielte Erfolgserlebnisse – und das geschah neuerdings immer öfter – winkte Heribert ab: »Ich halte mich an Churchill«, grunzte er. »Whisky und ’ne Zigarre. Und no sports. Kein Sport, klar? Mit diesem Rezept ist er alt geworden, der Churchill.«

Freunde versuchten Heribert zu überzeugen: »Lies die Zeitung. Übergewicht verkürzt das Leben. Du mußt joggen!«

Heribert winkte ab: »No sports!«

Jemand schlug ihm vor, sich Hanteln anzuschaffen. »Jeden Morgen fünfzehn Minuten Übung. Du wirst sehen, das stählt.«

Heribert schüttelte den Kopf.

Sie brachten ihm Kataloge, in denen standortfeste und normal bewegliche Fahrräder abgebildet waren, und die einfachsten und kompliziertesten Maschinen für Fitness-Training. Die Familie schenkte ihm zum Geburtstag einen Gutschein für einen Bodybuilding-Club. Er lachte röhrend und ließ den Gutschein verfallen. Die Kataloge warf er in den Müllschlucker.

Seine damalige Lebensgefährtin Lilo war dünn und von zurückhaltendem Wesen. Sie kroch auf dem Teppich umher und suchte den Zigarrenabschneider, der Heribert runtergefallen war. Familie und Freunde steckten sich hinter Lilo: »Der Mann geht kaputt. Du mußt ihn zwingen, Sport zu treiben! Und Diät. Vor allem: Weg vom Alkohol.«

Lilo zog ihre magere Schulter hoch. »Neulich habe ich gelesen, joggen sei ungesund«, piepste sie. Aus dem Nebenzimmer brüllte Heribert: »Sprecht ihr etwa wieder vom Sport?«

Jedoch: Wie kann der Mensch seine Meinung bewahren, wenn er dauernder Gehirnwäsche unterliegt? Wie ein Computer sich einen Virus einfangen kann, der sein System zerstört, rumorten alle jene gutgemeinten Vorschläge längst in Heriberts Unterbewußtsein. Es war eine Frage der Zeit, bis sie an die Oberfläche kamen.

Den Anstoß lieferte eine Annonce in einer Fernseh-Zeitung, die eine Saunahütte anpries, im Selbstbau-Kit, preiswert. Heribert hätte sie, selbst im vor-infizierten Stadium, nicht beachtet, wenn er jener Verpflichtung hätte ausweichen können, die einer Fernseh-Programmzeitschrift eigentümlich ist: Der Mensch muß eine Woche mit ihr leben.

Sieben Tage. Programme eins, zwei, drei, vier, fünf, Kanal plus und so weiter. Man blättert das Magazin durch, um zu sehen, was die Woche bringt. Man schlägt den Tag auf, der dran ist. Man wälzt die Seiten hin und her, auf Entdeckungen aus, um so mehr, als die Fernseh-Programmacher sich verschworen haben, mögliche Entdeckungen unter Seichtem und Wiederholtem zu verstecken.

Das Heft fällt auf den Fußboden und blättert sich beliebig auf, bevor Lilo sich auf die Knie niederläßt. Was sieht Heribert? Was sieht er jedesmal? Die Sauna-Anzeige. Ganzseitig, im Vierfarbdruck. Auf der mittleren Stufe räkelt sich eine Dame von Lilos Maßen, ein Handtuch um die Hüften geschlungen, Brustspitzen und Augen auf den Beschauer gerichtet.

Heribert erinnerte sich, daß er hinter dem Bahnhof Papestraße eine Laube besaß. Er hatte sie lange nicht besucht, irgend jemand hatte den Schlüssel, kümmerte sich um den Garten. Wie sportliche Betätigung, sagte auch die Natur Heribert wenig, er konnte ohne all das Grün leben, das Laubenpieper adorierten. Jedoch: Könnte man diese Saunahütte nicht als Anbau ...

»Lilo, steh uff«, raunzte Heribert. »Gib det Blatt her. Nee, nich det Programm. Die Anzeige.«

Heribert studierte. »Lilo, hol den Kugelschreiber«, sagte er.

Einmal die Woche warf Heribert sich in seinen Mercedes und fuhr saunen. In der angrenzenden Laube hatte er ein Faß mit Apfelwein aufgestellt. Bevor er in die Sauna ging, füllte er sich einen Krug ab, einen Fünfliter-Bembel. Den trank er aus, während er saunte. Solcherart beseitigte er vor sich selbst den Verdacht, daß er mit der Sauna-Idee auf eine Abart sportlicher Betätigung hereingefallen sei. Heribert schwitzte und verlor Flüssigkeit, und die Flüssigkeit füllte er wieder auf.

Lilo spekulierte darauf, daß er die Lust an Saunagang und -trank verlieren würde, sobald er das Faß leergetrunken hätte. Doch es kam anders. Heribert gewöhnte sich an, aus der Heißluftkammer in den kühlen Garten zu stürzen, wo er sich abkühlend erging; »Ho«- und »Hei«-Rufe ausstoßend, schwang er den Bembel, schritt auf dem von leeren Weinflaschen eingefaßten Weg hin und her, blieb stehen, wenn er den Krug ansetzte und blickte auf zum smoggrämlichen Großstadthimmel, der sich über seinem Haupt wölbte.

Die Rufe lockten Nachbarn an, und die blickten nicht zum Himmel auf, sondern fixierten die mächtige Gestalt, die da, nackt, dampfend und Urlaute ausstoßend, hin und her schwankte. »Se müssen sich wat anziehn«, schlug Norbert, der Nachbar vor, ein arbeitsloser Elektriker, der beim Saunabau geholfen hatte. Heribert sah den kleinen Mann an und über ihn hinweg oder durch ihn durch. Den Bembel schüttelnd wie einen Hinkelstein trollte der Badende sich, keine anderen Spuren hinterlassend als die seiner nackten Füße auf den Steinplatten des Pfades, der vom Gartentor zu Laube und Sauna führte.

Norbert hörte die Tür klappen. »Det wird bös enden«, prophezeite er, indem er am Schirm seiner Mütze rückte, und natürlich behielt er recht. Ein anderer Nachbar zeigte Heribert an, und er mußte sich wegen Erregung öffentlichen Ärgernisses vor Gericht verantworten. Die Sache wurde niedergeschlagen, denn es zeigte sich, daß der Anzeigende, ein Sauertopf, der dreimal bei der Wahl zum Präsidenten des Kaninchenzüchtervereins durchgefallen war, einen Weg von über hundert Metern zurückgelegt hatte, um den Saunabadenden zu beobachten. »Privat darf ich annehmen, daß Sie ein mieser kleiner Voyeur sind«, sagte der Richter, sich selbst in die Gefahr einer Beleidigungsklage seitens des Abgewiesenen begebend. Der Mann zog ab, Ingrimm auf dem Antlitz; Heribert schickte ihm ein »Hi-ho« hinterher, der Schall brach sich in den Windungen des Gerichtsflurs, der Abgewiesene galoppierte, als seien Gespenster hinter ihm her.

Doch aus dem Spaß mit Sauna und Bembel war die Luft raus. Heribert kümmerte sich erneut nicht mehr um Laube, Kleingarten und auch nicht um den Sauna-Anbau. Der Elektriker fragte an, ob er gelegentlich die Sauna benutzen dürfe, und Heribert sagte ihm, wo der Schlüssel hing: Hinten unter der Dachrinne.

Jedoch - das Unterbewußtsein. Vielleicht hatten alle jene recht, die behaupteten, Sport sei gesund? Heribert schaute auf Lilos schlanken Rücken, gerade kroch sie auf dem Teppich umher und sammelte das Frühstücksbrötchen auf, das Heribert unter den Tisch gefallen war, die Butterseite nach unten. Woher stammte Lilos wunderbarer Rücken? Nur Anlage? Oder das Ergebnis zahlreicher Gymnastikstunden? Ihrer Unermüdlichkeit Morgen für Morgen, eine Matte auszubreiten und auf ihr zu turnen?

Joachim, Lilos Neffe, schaute manchmal herein zur Entgegennahme kleinerer Aufträge. Joachim studierte im ersten Semester Volkswirtschaft und verdiente sich gerne Geld nebenbei. Heribert, dies muß endlich erwähnt werden, verdiente sein Geld als Korrespondent mehrerer ausländischer Blätter. Diese Beschäftigung verrichtete er gewöhnlich vom Bett aus; Kissen in den Rükken gestopft, telefonierte er seine Berichte nach London und Hongkong.

Joachim war für ihn als Rechercheur unterwegs. Dies und jenes mußte an Ort und Stelle verifiziert werden, eine Zumutung für Heribert. Der flinke Joachim schwang sich auf Rad, Autobus oder Bahn und fuhr an Ort und Stelle, mit einem Fragenkatalog Heriberts ausgestattet.

Eines Tages, als Heribert den jungen, drahtigen Menschen für eine Recherche einwies, kam ihm die Idee:

Warum geht Joachim nicht spazieren? Für mich und für Stundenlohn? Vielleicht ist Spazierengehen wirklich gesund, und wenn Joachim in meinem Auftrag spazierengeht, strahlt möglicherweise etwas von der so erworbenen, durch mich finanzierten Gesundheit auf mich ab.

Er schob die Papiere beiseite, aus denen er Joachim unterrichtet hatte, und entwickelte einen Plan.

Joachim staunte.

»Du meinst, ich soll für dich spazierengehen?« fragte er. »Gegen Stundenlohn? Und du versprichst dir . . .«

Heribert unterbrach ihn mit einer Geste. »Könnte doch sein, oder? Vielleicht bin ich ein gutes Medium. Ich erweitere meinen Vorschlag, für jedes Kilo, das ich abnehme, gibt es fünf Mark extra. Einverstanden?«

Joachim glotzte und hob die Schultern. »Wenn es dein Ernst ist . . .«

»Kein Wort zu deiner Tante«, flüsterte Heribert. »Abgemacht?«

Von nun an ging Joachim täglich für Heribert spazieren. Erst eine halbe Stunde, dann, als Kiloverlust nicht erfolgte, eine ganze Stunde. Lieber wäre er mit seinem Rad gefahren, irgendwo hinaus an die Havel oder bis nach Tegel hinauf, aber das Spaziergangeld war zusätzlicher Verdienst, und Joachim war sich nicht sicher, ob sein angeheirateter Onkel ihn nicht überwachen ließ. Zutrauen tat er Heribert so etwas. In der Tat hatte Heribert durchblicken lassen, daß es entsprechende Möglichkeiten gebe und er nicht abgeneigt sei, sich ihrer zu bedienen, wenn er den geringsten Verdacht habe . . . und so fort. Heribert wußte als Erfolgsjournalist, wo man ein Hebelchen wirkungsvoll ansetzte.

In der Tat fühlte Joachim sich manchmal beobachtet. Fuhr nicht fünfzig Meter hinter ihm diese schwarze Limousine am Rinnstein entlang, seit zehn Minuten? Jener Spaziergänger im Trenchcoat, der sich seit der Kleiststraße an seine Fersen geheftet hatte – war er nicht der Abgesandte einer Detektei?

Joachim wurde nervös und fing zu rauchen an. Ein Teil des zusätzlichen Verdienstes ging für Zigaretten drauf. Er sah nicht mehr gut aus.

»Ich sehe dich an«, sagte Heribert, »und lese ab, daß Spazierengehen alleine nicht genügt. Wer hat abgenommen? Ich nicht. Wer pafft wie eine Dampflok? Du. Wir müssen die Norm steigern. Ab heute joggst du für mich.«

Joachim zog eine R 6 aus der Packung, immerhin rauchte er leichte Sorten. »Ich jogge?«

»Du joggst. Hier sind ein paar Scheinchen extra, für die Ausrüstung. Und dein Salär erhöht sich um zwanzig Prozent.« Heribert blickte mißmutig auf den Rauch, der von Joachims Zigarette aufstieg. »Und det Paffen, det solltest du sein lassen.«

Joachim drückte die Zigarette aus und erhob sich. »Okay«, sagte er, und es klang weinerlich, »also jogge ich für dich.«

Joachim hatte gewußt, daß die Welt voller joggender Detektive war. Nichts leichter, als sich einen Jogging-Suit anzuziehen. Vor ihm, neben ihm, hinter ihm joggten die Überwacher, lösten sich ab, wechselten die Formation. Manche entblödeten sich nicht, Joachim ins Gesicht zu schauen. »Ich bin es«, hätte er am liebsten gerufen, »meldet meinem Onkel . . .«

Nach einer Woche formulierte er: »Meldet meinem

Onkel, dem Satan ...« An den übrigen Beziehungen änderte sich nichts, nach wie vor wurde Joachim zu Recherchen herangezogen. Den sportlichen Aspekt berührten sie bei ihren Gesprächen kaum.

Eines Tages überreichte Heribert seinem Neffen ein Fünfmarkstück. »Die Sache wirkt«, murmelte Heribert. »Ein Kilo abgenommen. Lauf weiter, Junge.«

Als sei Joachim zusammen mit seinem Auftraggeber in ein magisches Feld geraten, zeigte sich auch bei ihm, dem Ausführenden, Wirkung. Joachim rauchte nicht mehr. In kürzester Zeit reifte seine Kondition heran, gestattete überdurchschnittliche Leistungen. Die Meute der Detektive, joggend gleich ihm, distanzierte er bald spielend. Mochten sie schnattern und sich wundern, weit zurück. Er lief einen Haken, sie verloren seine Spur. Hinter ihnen kam er wieder zum Vorschein. Das amüsierte ihn. Manchmal überholte er den einen oder anderen als Detektiv Verdächtigen und weidete sich am Erstaunen in dessen Antlitz.

Er hätte es nicht geglaubt, wenn Heribert ihm die reine Wahrheit gesagt hätte: Zu keinem Zeitpunkt war ein Detektiv auf Joachim angesetzt. Glücklich über seine vermeintlichen Siege als Läufer besaß Joachim den Leichtsinn, eines Tages seinem Onkel zu berichten, es finde ein Marathonlauf statt, quer durch die Stadt.

In Heriberts Augen glommen Lichter. Doch verfolgte er das Thema nicht weiter. Kaum war jedoch Joachim gegangen, als Heribert sich einer für Joachims Sporterfolg anscheinend günstigen Gedankenkette überließ, wie man annehmen muß, mit hohem Vergnügen. Denn schon sah er seinen Sportabgesandten bei diesem härtesten

Wettbewerb, sah sich, im Lehnstuhl und auf dem Bett lebend, weitere Kilo abnehmen, ohne sich im geringsten dabei anzustrengen.

Gegen seine Gewohnheit erhob sich Heribert und schritt im Zimmer auf und ab, wobei er Grunzlaute ausstieß. Diese Laute riefen Lilo herbei, konnte sie doch annehmen, daß Heribert irgendein Gegenstand, ein Blatt mit Notizen zu Boden gefallen sei.

Sie blieb stehen und sah den Schreitenden an. »Was tust du?« flüsterte sie.

Darauf Heribert: »Ich denke nach.«

Da er ihr nicht vorschlug, das Zimmer zu verlassen, flüsterte Lilo: »Worüber?«

Heribert blieb stehen. »Über Marathonläufe, Liebstes.«

Die nicht als Detektive verkleideten Jogger wunderten sich bald, daß Joachim nicht mehr an ihnen vorbeizischte. Doch der drehte, nach einem eingehenden Gespräch mit seinem Onkel, weiterer Gagen-Erhöhung und neuer Ausrüstung wegen, längst seine Runden auf der Aschenbahn am Siebenendenweg.

Joachim trainierte für den Marathonlauf.

Als der Termin heranrückte, empfing Joachim zwei weitere Fünfmarkstücke. Wahrscheinlich durch die Aufregung, in die Heribert verwickelt war, verzeichnete er einen weiteren Gewichtsverlust.

Der Tag des Marathon-Volkslaufs kam näher. Joachim fühlte sich in Höchstform und wurde durch seinen Auftraggeber ermutigt. Heribert studierte den Streckenplan. Schließlich fand er es am besten, wenn er sich an der Ziellinie aufstellte. Er würde dort »seinen« Läufer, Joachim, durchs Ziel gehen, vielleicht einen guten Platz erringen sehen. Vielleicht - aber dieser Gedanke streifte nur ganz kurz durch Heriberts Gehirnwindungen - würde Joachim sogar unter den ersten durchs Ziel gehen? Vielleicht als Sieger?

Blödsinn. Ein guter Platz im Mittelfeld, und er würde Joachim eine Sonderprämie zahlen. Joachims Erfolg war sein, Heriberts Erfolg.

War Lilo ihm auf die Schliche gekommen? Litt sie darunter, daß er Verrat trieb, sein Motto »no sports« betreffend? Amüsierte sie sich? Steckte sie mit Joachim unter einer Decke?

Er wußte es nicht, und im Augenblick wollte er auch diese Gedankengänge nicht weiter verfolgen. Alles würde sich zum Besten runden, wenn er mit dem Sieger im Arm heimkam.

Am bewußten Tag schwindelte er Lilo schamlos an und begab sich zur Strecke, zum Ziel. Eine Volksmenge zerdrückte ihn, er kaufte sich ein Bier und noch ein zweites. Da liefen die ersten Teilnehmer ein, warfen sich erschöpft nieder, wurden getränkt, massiert und, wie es Heribert schien, neu gewindelt.

Heribert blieb jetzt an der Ziellinie, sah auf die eintrudelnden Läufer; auf keinen Fall wollte er Joachim verpassen.

Stunden vergingen. Heribert, erschöpft und durstig, wagte nicht, seine Position beim Ziel aufzugeben. Das Mittelfeld war durch, jetzt kamen die Nachzügler.

Kein Joachim. Wo war Joachim?

Heribert gewann unwillige Funktionäre, indem er mit seinem Presseausweis fuchtelte und gab Joachims Startnummer durch. Sie sollten Joachim suchen, gefälligst!

Schließlich karrte ein Helfer Heribert zum Kilometer 22. Dort, in einem Rotkreuz-Zelt, fand er Joachim, zwischen anderen Marathonleichen auf einem Feldbett liegend. »Joachim«, flüsterte Heribert, der Schweiß rann an ihm hinab.

Joachim schlug die Augen auf. Dann erkannte er Heribert. Joachim lächelte.

»No sports«, sagte Joachim.

Warum meckert Eckermann?

Puvogel, der Kramladen und Kneipe in der Laubenkolonie betrieb, löcherte uns: »Für was hab ich die Barackenteile geschnorrt? Jetzt liegen se rum. Der Kaufladen steht - dufte. Die Kneipe - eine Attraktion. Bauen wir einen Saal an, könnt ihr Theater machen. Ihr wißt nicht, wohin mit eure Intellijenz? Ick bau euch ne Bühne ein, klein, aber oho. Wenn ihr da Schwänke aufführt - *Etappenhase* oder *Krach im Hinterhaus* -, kommen se alle, und ick, Puvogel, verkoofe Flaschenbier.«

»Wir wollen höher hinaus«, sagte Agathe. Sie nahm Schauspielunterricht, abends arbeitete sie als Barmaid in Puvogels Kneipe *Zur beknackten Maus*. Eine Attraktion. Schwarze Strumpfhosen und obenrum Hängerchen mit tiefem Einblick.

Für mich hatte Agathe gleich mitgesprochen. War mir recht. Als angehender Schriftsteller schrieb ich Kurzdramen.

»Haltet mich nich für 'n Hornochsen«, brummte Puvogel. »Ick will euer Jutet. Meinetwegen ooch was Höheres für die Bühne. Gretchen und die Faust im Nacken. Könnte von Joethe sein. Man is ooch mal zur Schule jejangen.«

Puvogel schwitzte und polierte mit einem karierten Tuch eine völlig saubere Tischplatte.

Die Sache kam zustande, erst einmal, weil ein gewisser Buseberg die Laubenpieper hinter sich brachte. Buseberg spielte Akkordeon, meisterhaft, trotz Holzhand infolge

Kriegsverletzung. Er versprach den Tausendschönchen, wie die Laubenbewohner sich nannten, einen Abend »mit erinnerungsschweret Programm, Lili Marleen und so wat«.

Alle halfen. An zwei Wochenenden stellten sie die Barackenverlängerung auf. Die Reihenfolge war nun: Kramladen, Kneipe *Zur beknackten Maus*, Theatersaal. Buseberg trat vor überfülltem Saal auf, Puvogel glänzte um die Nase vor Glück, ganz Impresario und Theaterunternehmer. Agathe faltete von nun an ihre Hände vor dem Ausschnitt, wenn gewisse Kunden ihren Blick nicht von der Gegend ließen, die mein Freund Siegfried »das Tal des Todes« nannte. Gustavchen, Agathes Bruder, hatte Siegfried diesbezüglich bereits einen Haken auf die Kinnspitze verpaßt, was nichts geholfen hatte.

Das Stichwort Joethe, von Puvogel in schiefem Zusammenhang vorgebracht, regte mich zu extremen literarischen Wagnissen an. Aus einem in Kriegszeiten geborstenen Keller hatte ich, nebst anderen Büchern, Eckermanns Gespräche mit Goethe geborgen. Der Mann faszinierte mich, über ein Kurzdrama hinaus. War hier, dachte ich mir, ein abendfüllender Stoff verborgen?

Ich stellte mir vor, wie Eckermann auf der Bühne stand, allein, von einem Spotlight angestrahlt. Eckermann links, vom Zuschauer aus gesehen.

Rechts, von mattem Aureolenschein umhüllt, Goethe. Jedoch: Goethe auf dem Totenbett. Das Haupt lorbeerumkränzt, Augen geschlossen. Wie auf dem bekannten Stich von Ich-weiß-nicht-wem. Ist nach Rembrandtscher Manier, bei uns zu Hause hing das an der Wand.

Goethe liegt da, das sanfte Licht spiegelt sich auf dem

Eis. Die Leiche ist nämlich in Stangeneis gepackt, damit sie sich länger hält, nicht in Verwesung übergeht.

Den Goethedarsteller hatte ich. Der olle Katemin, pensionierter Briefträger, Laube siebzehn, sah aus wie Goethe. Akkurat der gealterte Dichterfürst. Katemin hatte viel Spott zu erdulden deswegen. Johann Wolfgang hier - Johann Wolfgang da. Er nahm es hin, das brachte ihm viele Gläser Freibier ein in der *beknackten Maus*. Der Mann kannte sich aus, wußte allerhand Geflügeltes von unserem Klassiker. »Süßer Friede - komm an meine Brust.«

Den konnte er haben. Würde ich ihn überzeugen können? Wie lange würde das Stück dauern - eine Stunde? Mehr? Katemin mußte still liegen, Augen zu. Die Frage war, wie er das Stangeneis aushielt. Man könnte seinen Körper mit Dachpappe abschirmen. Ich setzte darauf, daß Katemin geschmeichelt sein würde, IHN zu spielen.

Ich schrieb und schrieb. Die Idee war, daß Eckermann vor dem posthum aufgebahrten Goethe nicht weiterhin seine Schleimereien abzog, sondern endlich sagte, was er wirklich dachte.

Tenor etwa: »Du oller Knicker, da liegst du endlich. Jetzt erfahre, was du mir angetan hast, mir, der armen Maus Eckermann. Dem *underdog*, aus Winsen an der Luhe stammend, von Kätnern geboren, die in einer einzigen Stube hausten. Vater, der als Hausierer über Land zog. Ich, sein Kind, hütete die einzige Kuh, bis ich groß genug war, daß er mich mitnahm in die Heide. Der Kleine, schwere Ballen Beiderwand schleppend. Übernachten auf Heuböden, in Scheunen. Dann, allen Voraussetzungen zum Trotz, mein Studium. Literarisches Werk.

Du, Goethe, beutetest kühn meine geringe Fähigkeit zum Überleben aus. Für Trinkgelder habe ich deine Werke redigiert, deine Ausgabe letzter Hand zum Druck gegeben. Einen Doktorhut hast du mir verschafft, von der Universität Jena. Dich im Stillen amüsiert, wie dein Sklave geschunden hat, vierzehn Stunden täglich, nur um deine Nähe zu atmen.

Zu atmen, ja. Mehr nicht. Jetzt liegst du und verwest. Trotz Eispackung ist atmen wenig empfehlenswert. Der Geruch der Verwesung breitet sich aus, während ich, dein getreuer Eckermann, meckere. Endlich meckere.

Zu Ende, lieber Johann Wolfgang, die Jahre der Demütigungen. All die Demütigungen, von denen eine mir besonders in Erinnerung ist: Wie du mich beim Herstellen von Pfeil und Bogen überraschtest, mich aushorchtest. Dann in den Schuppen gingst und deinen eigenen Bogen hervorholtest, weiß-ich-woher, und mir in wenigen Sätzen, wie es deine Art war, fein zu verstehen gabst, daß du viel mehr über Bogen und Bogenschießen wußtest als ich je darüber erfahren würde.«

Und so weiter. Eckermann steht in diesem Lichtstrahl und meckert. Der olle Goethe, alias Katemin, liegt da, mit geschlossenen Augen, rührt sich nicht.

Wichtig war, daß er sich nicht bewegte, mindestens eine Stunde lang. Das mußte ich dem ollen Katemin beibringen. Würde viel Freibier kosten.

Ich deutete Agathe meinen Plan an. »Ist eine Rolle für mich drin?« fragte sie.

Daran hatte ich nicht gedacht. Doch sofort reagierte ich. Ein zweites, schwächeres Spotlight, auf das Zentrum des Hintergrundes gerichtet, könnte den Engel des Todes aus dem Hintergrund treten lassen. Eine weitere stumme Rolle, außer, mir fielen ein paar passende Worte ein, die der Engel des Todes in solchem Augenblick sprechen könnte. »Ave.« Und dann ein bißchen mehr, was in die Situation paßte.

Ich mußte darüber nachdenken. Vielleicht doch besser stumm? Agathe könnte ihre schwarzen Strumpfhosen tragen. Obenrum am besten Goldflitter. Und Flügel angeschnallt. Goldene Flügel gab es in einem Geschäft für Karnevalsbedarf, in allen Größen. Vielleicht auch eine Maske, gab's da ebenfalls. Eine goldene Maske. Das war die Idee.

Ich fing Agathe ab, als sie vom Schauspielunterricht kam. Schilderte ihr, welche Rolle ich für sie vorgesehen hatte. Flocht ein, wie eminent schwierig es sei, den Todesengel zu spielen. Jenes Maß an Genialität, das nötig war für beredtes Schweigen angesichts des großen Toten. Zuerst verquatschte ich mich und sagte »des großen Briefträgers«, korrigierte mich aber gerade noch.

Den Gegensatz verklambüserte ich ihr, zwischen dem ruhenden Dichterfürsten und dem Meckerer Eckermann – wie der da steht und vom Leder zieht, endlich frei. Heiraten durfte er nicht, seine »Gespräche« nicht veröffentlichen, fest in der Hand hatte ihn dieser Mann gehabt, der da aufgebahrt lag.

Eckermann, so sah es mein Drama vor, lief zu einsamer Form auf, je mehr er redete. »Eine gewisse Größe, ja?« erklärte ich Agathe. »Der Todesengel muß, obwohl stumm oder fast stumm, mitgehen. Man muß ihm ansehen, daß er den Meckerer Eckermann zuerst unterbrechen will, diesen Wurm, der da geifert, dann aber weiß:

Dort steht ein Mensch. Ein Mensch, der in diesem Augenblick, an der Bahre des Dichterfürsten, der zugleich sein Unterdrücker war, selbst an Größe gewinnt.«

Ich blickte Agathe tief in die Augen: »Traust du dir das zu?«

Agathe hauchte: »Wunderbar . . .«

Dieser Todesengel warf mich zurück. Ohne ihn wäre das Stück klarer, gradliniger. Andererseits würde ein Haufen Leute in unsere Aufführung kommen, weil sie Agathe sehen wollten.

Eckermann würde natürlich durch mich dargestellt werden. Je mehr ich schrieb, desto gründlicher wuchs ich in die Rolle hinein. Rundheraus: Nach ein paar Wochen WAR ich Eckermann. Dem Faschingsgeschäft, das Flügel und Masken vorrätig hielt, war ein Kostümverleih angeschlossen. Ich lieh mir Rock und Jabot, wie ich mir Eckermanns Kleidung vorstellte. Zugegeben, ein wenig sah ich wie Werther aus, nur die Stiefel mit den gelben Stulpen fehlten. Doch waren feine Unterschiede vor dem Publikum, das wir im Saal der *beknackten Maus* erwarteten, durchaus kaschierbar.

Katemin überzeugte ich leicht, nachdem ich Agathe auf meine Seite gebracht hatte. Diese Rolle, flötete Agathe dem Alten ins Ohr, sei die Krönung seines Lebens. Da Katemin bereits acht Mollen intus hatte, ging er auf den Leim. Wir machten eine Probe mit dem Stangeneis, das jeden Tag geliefert wurde, für Puvogels Kneipe. Katemin meinte, es würde gehen, wir müßten ihm allerdings garantieren, daß sein Rheuma nicht schlimmer würde. Auch wollte er unter der Decke, die auf seinem Körper lag, eine Art Gewölbe aus Maschendraht, wegen Isolierung und, meinte Katemin, weil er darunter atmen könne, ohne daß Bewegungen seines Brustkorbes sichtbar würden.

Das leuchtete uns ein. Fachleute hatten einander gefunden. Ich las Agathe und Katemin Teile des Stückes vor. Katemin war begeistert. Agathe meinte, ob der Todesengel genügend vorkäme. Ich beruhigte sie: »Die ganze Zeit, du genialste aller Jungschauspielerinnen.«

Das ging ihr glatt runter. Zur Kostümprobe stellte ich einen Ankleide-Spiegel auf, in dem konnte Agathe sich kontrollieren. Sie schnitt Gesichter. Das untersagte ich ihr nicht. Später, unter der Maske, konnte sie Gesichter schneiden, soviel sie wollte.

Zum Lachen reizte, was Agathe ihr »tragisches Gesicht« nannte. Sie zog die Mundwinkel hinunter und die Augenbrauen nach oben, dadurch glich ihr Gesicht dem von Alba Gurkendoktor auf den Tüten mit dem Zeug zum Gurkeneinlegen. Ich bekam Zwerchfellkrämpfe vor unterdrücktem Lachen, vermied es, Katemin anzusehen. Doch als ich einmal zu ihm rüberschielte, sah ich, daß er Agathe voll Bewunderung anblickte.

Vielleicht doch die Maske weglassen? Agathes Gesicht weißgeschminkt? Kalkweiß? Nur die Lippen blutigrot?

Puvogel arrangierte das Stangeneis hinter Dachpappenschichten. Den Katafalk hatte er gebastelt, einfach einem Tisch aus der Kneipe die Beine kürzer gesägt. Laken drüber, fertig.

Das Weiß des Lakens leuchtete. Verschluckte das Funkeln vom Eis. Agathe färbte den Stoff in Tee. Die Wirkung überwältigte. Katemin lag in funkelndem Glitzern.

Mehr als das gab es nicht zum Proben. Von meiner Rolle hatte ich meine eigene Vorstellung, hätte mir nicht reinreden lassen, auch wenn die anderen mich gefragt hätten. Agathe hörte mir den Text ab. Ein paar Änderungen ergaben sich. Endlich saß der Text.

Wir luden zur Premiere. Gustavchen, Agathes Bruder, entwarf Plakate. Vor allem war Agathe als Engel darauf zu sehen, ich konnte es Gustavchen nicht übelnehmen, schließlich war Agathe seine Schwester. Goethe-Katemin und ich waren klein am Rand abgebildet. Wir machten die Runde. Bei Butter-Beck, in Heringsbändigers Laden, beim Bäcker Schirwinsky - überall hing unser Plakat. Eintritt fünfzig Pfennige, für Puvogels Unkosten. Wir verzichteten auf Gage, das heißt, Katemin bekam seine in flüssiger Form.

Der Abend kam heran. Durch den Vorhang sah ich, wie sich der Saal füllte. Puvogel verkaufte Flaschenbier. Die Zuschauer redeten leise miteinander, irgendwie voll Hochachtung vor dem Kommenden. Dies war echt Kultur, nicht bloß ein Ziehharmonika-Festival. Gustavchen schnallte Agathe die Flügel an. Tatsächlich hatten wir sie blaß geschminkt, mit einer Wunde von Mund in dem kalkweißen Gesicht.

Katemin stand vor einem Elektro-Öfchen, das Wärme pustete. Er wollte im letzten Augenblick zwischen die Eisstangen. Ich markierte die Stelle, an der ich stehen mußte, Siegfried sollte die Scheinwerfer hinten im Saal bedienen, alles war durchexerziert.

Katemin kroch unter den Drahtkäfig, schloß die Augen. Eine wunderschöne Goethe-Leiche. Die Haare hatten wir ihm gewaschen und frisch onduliert, der Lorbeer, vergoldet, war aus Pappe. Gehörte zu einem Cäsar-Kostüm unseres Verleih-Hauses. »Vorhang«, flüsterte ich.

Gustavchen zog an den Schnüren, der Vorhang öffnete sich. Dunkle Bühne, dann die Spotlights, von Siegfried bedient. Ich sah, daß Agathe die Augen rollte, aber das war vielleicht nur von hier bemerkbar. Zum Goethe darstellenden Briefträger Katemin gewendet, begann ich meinen Text:

»Du Dichterfürst und Bestie ...«

Man soll es nicht für möglich halten: Ein Lacher. Wenig unterdrückt, gluckste jemand im Publikum vor sich hin. Hatte wahrscheinlich bereits ein paar intus. Damit hätte ich rechnen müssen. Puvogel den Bierverkauf untersagen. Aber ob er uns dann den Saal gegeben hätte?

Ich fuhr in meinem Text fort. Eine Weile war wieder Ruhe. Gerade war ich bei der Bogenschieß-Szene angelangt, als jemand rief: »Aufhören!«

Füßescharren und das Klicken von Bierflaschen-Verschlüssen. Ganz vorne rülpste einer. Neuer Zwischenruf: »Wie lange sollen wir uns das anhören?« Ein anderer: »Agathe, Striptease! Zeig mal, wat de unter die Flügel hast!«

Ich sprach weiter, doch jetzt heulten sie wie Indianer. Siegfried, irritiert, knipste das Licht aus, ein paar Sekunden agierten wir im Dunkeln. Als erstes ging der Scheinwerfer wieder an, der auf Goethe-Katemin gerichtet war. Er blinzelte, schlug die Augen auf. »Du bist tot«, rief ich, ihn ermahnend. Großer Lacherfolg. Jetzt gingen die anderen Scheinwerfer wieder an, ich stand neben dem Lichtkreis, den mein Spotlight warf, mußte aus dem Dunkeln hineintreten.

Sie brüllten durcheinander. Alles Käse, riefen sie, und ob wir sie verschaukeln wollten? Dazwischen immer wieder: »Agathe, Striptease!« – »Runter mit die Lumpen!«

Aus der vorderen Reihe spritzten sie mit Bier. Agathe drehte sich in ihrem Lichtkegel um und fuhr sich mit unmißverständlicher Geste über ihr Hinterteil. Einige klatschten, hinten pfiff einer auf seinem Hausschlüssel. Katemin warf Decke und Drahttunnel ab und schwang sich von seinem Katafalk. Äußerst lebendig für eine Leiche. Das Stangeneis fiel polternd zu Boden. Unter dem Katafalk hatte sich eine Pfütze gebildet, deren Ausläufer den Rand der Bühne erreichten. Durch diesen Pfuhl stapfte Katemin und schwang die Fäuste gegen das Publikum. »Banausen«, schrie er, »Banausen seid ihr. Dies ist echte Größe.« Er sah wundervoll aus als zorniger Goethe.

Ich stand starr. Reagierte erst, als etwas Weiches mich an der Wange traf. Eine Tomate. Sie zerplatzte. Der Saft rann mir ins Jabot. »Vorhang«, rief ich, »Vorhang!« Todesengel Agathe rauschte an der Rampe entlang und begann an den Schnüren zu ziehen. Katemin verwickelte sich in die Falten. Er trat zurück und stolperte über eine Eisstange. Rücklings schlug er hin. Jenseits der Rampe tobte das Publikum.

Ich weiß nicht, wie der Abend weiterging. Verdrückte mich durch den Hinterausgang in meine Laube und schälte mich aus dem bekleckerten Kostüm. Diese Ignoranten, dachte ich, würden nie Goethes wahre Größe begreifen.

Und Eckermanns schon gar nicht.

Unterm Holunderbusch

Warum ich wochenlang in Leckenbach an der Laimitz hängenblieb, ist mir entfallen; doch verdanke ich dem Aufenthalt dort folgende Geschichte.

Nally, Schüler der Obertertia eines österreichischen Kreisstadt-Gymnasiums, war ein unbelehrbarer Waffennarr. Er träumte davon, mit Lettow-Vorbeck in die hitzekochenden Herero-Reservate von Deutsch-Südwest einzubrechen, das Fünf-Schuß-Magazin seines Karabiners 98 in die braunen Rücken der Fliehenden zu entleeren, daß die Hülsen wie ein goldener Regenbogen aus dem Magazin sprangen. Aber in Wirklichkeit war er aus Leckenbach nie herausgekommen, Leckenbach an der Laimitz, achtzig Häuser, fast alle einstöckig, aufgereiht links und rechts der Dorfstraße, die wie die Gräte eines aufgeschnittenen Räucheraals dalag, schnurgerade, unendlich. Ohne alles Leben, so schien es. Ein Dorf zum Träumen.

Für Nally jedenfalls. Siebzehn war er damals. Leckenbach hatte zwar Bahnstation, aber zur nächsten Kreisstadt mit Barockkirche, Pfarrplatz, Konditorei und Stadtpark waren es gut zwölf Kilometer, und nur einmal täglich zottelte ein Zug von Leckenbach auf eingleisiger Strecke dorthin. Alle anderen Züge hielten nicht, donnerten durch, immer stand auf dem Behelfsbahnsteig Nallys Vater, Kelle unter dem Arm, die rote Mütze auf dem Kopf, die ihn auswies als Bahnhofsvorsteher. Bahnhofsvorstand von Leckenbach. Aber, der geringen Größe und Wichtigkeit der Station entsprechend, war Nallys Vater, war Leopold Kamnitzer auch Fahrkartenverkäufer, Reisegepäck- und Frachtabfertiger, Expreßgutexpeditor, Gepäckträger. Zur Urlaubszeit reiste Vertretung an, aber auch dann war Leopold immer da, immer bereit. Er wohnte im Bahnhofsgebäude, Dienstwohnung. Er verreiste nie trotz Freifahrscheinanspruch. Leopold Kamnitzer blieb auf seiner Station, die Züge fuhren in den Ferien durch seine Tage und Nächte.

Die Vertretung wohnte auch im Haus, es war jedes Jahr jemand anders. Nallys Mutter Olga, eine geborene Budka aus dem Böhmischen, hatte doppelte Arbeit, aber keinen Extraverdienst. »Für Gotteslohn soll ich arbeiten«, rief Olga, »was denkt die Bahn sich?« Auch aßen die Aushilfen Olgas Schweinernes, selbstgeschlachtet, dabei kostete ein Ferkel heutzutage einen Haufen Geld, fraß zwar die Reste, aber Kartoffeln mußte sie doch dazukaufen, und die Bauern, weiß man ja, ziehen einem das Fell über die Ohren. Im letzten Jahr die Aushilfe: besonders schlimm! Ein ganz magerer, aß das Dreifache, aber setzte nicht an. Wollte ihr sogar unter den Rock. Außerdem war er schwerhörig. Hörte nicht den Telegrafen, mußte sie auch noch drauf achten! Lautstark, daß die Fahrgäste es hören konnten, die draußen auf den Frühzug warteten, beklagte die geborene Budka sich: »Poldi«, rief sie, »für was bist du Stationsvorsteher? Hab ich einen *Mann* geheiratet? Ich halte das nicht mehr aus, willst du verstehen, gütigst!« Leopold Kamnitzer, abgekürzt Poldi, oder wie die Leute im Dorf sagten »der *Herr* Poldi«, Vater jenes Jünglings, der sich Nally nannte, ließ ärgerlich die Zeitung sinken, in der er las, das Kreisblatt mit sechs Seiten Umfang.

Zwei Seiten davon Anzeigen (Zuchtsau zu verkaufen; für die Schulden meines Mannes komme ich nicht mehr auf). Sah Olga an: »Schmarrn«, sagte Poldi. »Was für ein Schmarrn.« Versenkte sich wieder ins Kreisblatt. Hoffte, die Angelegenheit sei erledigt. War sie aber nicht: Olga fuhr auf Nally los, der ohne Zeitung und daher angreifbar am Frühstückstisch saß – »du könntest auch langsam sehen, daß aus dir was Gescheites wird. Bist wohl zu gut für uns. Mein Vater selig hieß auch Adalbert, und der war ein anständiger Mensch. Budka. Aus Kucharowitz. Alle kannten ihn, den Herrn Adalbert Budka. Aber du . . . Aus dir wird nie was.«

Nally hob die große blaue Kaffeetasse zum Mund, eine Art Riesenspielzeug, für so was hatte Olga Sinn, sie brachte Irdenes vom Topfmarkt mit, der zweimal im Jahr in der Stadt abgehalten wurde, Nally schlürfte laut den Kaffee, ein Sud aus Zichorie und *echten Bohnen*, wie Olga betonte, und murmelte »pfüat di Gott, alte Krott«, was Leopold natürlich hörte und mit einem Hieb ahndete, den er mittels zusammengefaltetem Kreisblatt gegen Nallys Kopf führte.

So war es jeden Morgen. Das Ende der Szene führte der Frühzug herbei, der sein Kommen über ein Läutwerk ankündigte. Vater Leopold stand vom Tisch auf, warf das Kreisblatt über Teller, Margarinenapf und Kaffeetasse, setzte seine rote Mütze auf, prüfte ihren geraden Sitz, indem er Mützenkokarde und Nasenrücken durch Abtasten in eine Linie brachte, und trat auf den Bahnsteig hinaus.

Entlang den Gleisen wucherte Holunder, ein grüner schattiger Dschungel. Dort hinein verdrückte sich Nally, wenn er keine Schule hatte. Er atmete den modrigen Duft, den die Blätter ausströmten, rülpste Zichorie und träumte seinen Traum von Lettow-Vorbeck und dem Gewehr 98.

Mehr als Träume blieben Nally nicht, so schien es erst einmal, sein linkes Bein war zwei Zentimeter zu kurz, ein Hindernis für kriegerische Laufbahnen, nach landläufiger Auffassung jedenfalls. Aber ein Waffenfex war er damals schon. Sein winziges Zimmer im Giebel des Stationshauses war angefüllt mit Katalogen von *Waffen-Frankonia*. Nally wußte alles über Sportwaffen. Die Kenntnisse über Killergewehre zog er aus Kriminalromanen und aus Berichten jener kleinformatigen Zeitung, die hier alle lasen (das langweilige Kreisblatt hielten nur der Stationsvorsteher und der Oberförster). In der anderen Zeitung aber, die Nally sich aus dem Papierkorb vor dem Bahnhof fischte – oft war sie ein paar Tage alt und hatte zum Einwickeln ländlicher Waren gedient –, las Nally die blutrünstigen Berichte über Stoßkönige, Glücksspieler, die sich in den Gassen der Hauptstadt Feuergefechte lieferten. Die Kriminalreporter beschrieben die Waffen genau. Berichte über die Heldentaten der k. u. k. Armee und der deutschen Schutztruppen füllten die Spalten der Illustrierten, Mutter Olga brachte sie aus der Kreisstadt mit, sie las mit Leidenschaft Illustrierte. Nally erbte sie, stark zerlesen, aber die Berichte über kriegerische Unternehmungen waren nie mit Fettflecken verunziert wie die übrigen Seiten, Olga überschlug sie.

Der Zug fuhr in die Station, der Fahrtwind zauste die Zweige des Holunders, in dessen Gabelung Nally saß. Aus den Ästen hatte er früher Pistolen konstruiert. Man mußte das Holundermark herauspuhlen. Zu wirksameren Waffen hatte er es nicht gebracht bis heute. Nicht einmal eine Luftpistole! In den Schießbuden, wenn Kirchweih war, putzte Nally allerhand weg. Er war bei den Besitzern gefürchtet. Er schoß sich grellfarbene Papierblumensträuße zusammen, traf beim ersten Schuß den Ball, der auf dem Wasserstrahl tanzte, obwohl sie ihm möglichst die Gewehre mit verbogenem Korn andrehten. Da schauten die Mädchen zu! Er schenkte ihnen die Papierblumen. Wenn er sie dann aber zu einem Bier einladen wollte, bekam er Körbe. Alle Mädchen in Leckenbach wußten: Nallys eines Bein ist kürzer. Zwar war nichts zu sehen wegen der orthopädischen Schuhe, und was sind schon zwei Zentimeter. Aber sie wußten es, und es schreckte sie ab.

»Nally Kurzbein« nannten sie ihn, seine Altersgenossen, die auf Saxonette-Motorfahrrädern herumrasten. Früher hatten sie gesungen: »Der Nally hat 'nen Wasserkopf - und drauf 'nen Kalabreser, und wenn er noch ein Zöpferl hätt - dann wär er ein Chineser!« Auch nicht lustig. Der Alex (damals hieß er Xandi) hatte jetzt sogar eine 250er Puch Doppelkolben. Ein fast heißer Ofen! Da flogen die Mädchen drauf. Winkten Nally Kurzbein hochmütig zu, und ab ging die Post, Richtung Stadt, wo es eine Tanzdiele gab, die sich stolz *Rio Bar* nannte. Eine Spelunke mit Schilfmatten an den Wänden. Mieser Laden, Nally wußte es. Ein paarmal hatte er da eine Limo gezischt, aber um zehn mußte er weg, weil dann der Zug nach Leckenbach ging. Der Herr Stationsvorsteher lehnte alle Gespräche über Geld ab. Manchmal steckte Olga ihrem Nally ein paar Lewonzen zu, wenn sie gut gelaunt war, ein paar Mäuse, Mäusedreck schon eher, Kleingeld. Münzen, die sich angesammelt hatten in Handtasche und Milchkrug, Olgas Geheimversteck, das jedem in Leckenbach bekannt war. Aber die Leute waren hier ehrlich. Es dauerte ein paar Jahre, bis Nally sich traute, ab und zu, unbeobachtet, einen kleinen Schein aus dem Krug zu fischen.

Im Sommer blühte der Holunder wie toll, der Duft der schweren Blütendolden war kaum zu ertragen in Nallys Versteck. Olga pflückte manchmal ein paar Dolden, buk sie in Teig in der Pfanne. Köstlicher Geschmack! Rezept noch von Großmutter Budka.

Nallys Sehnsucht war in einen einzigen Satz zu kleiden: Weg von Leckenbach! Der Xandi-Alex hatte es fast geschafft, wenigstens abends abhauen konnte er mit der Maschine, oder an den Wochenenden, wenn die Motorrad-Blase zum Donau-Ufer donnerte und Angler und Liebespärchen erschreckte. Nally stand auf der wie üblich verlassenen Dorfstraße und sah den Ameisen zu, die neben der Asphaltkante einen Pfad eingerichtet hatten, um Halme und kleine Steine zu transportieren. Er erinnerte sich, wie der Alex ihm stolz erzählt hatte, daß die Motorrad-Blase an einem Händchen haltenden Liebespaar vorbeigedonnert war, und der Alex hatten einen *Olla* aus dem Hosenbein rutschen lassen, einen Präser. Genau vor die Füße der Händchenhalter. »Und?« hatte Nally gefragt. »Rot san's word'n«, hatte der Xandi-Alex gesagt. Ein blöder Hund eigentlich. Aber vielleicht nahm er ihn, Nally, doch mal auf der Doppelkolben mit?

Die Ameisen rannten mit ihren Lasten den Pfad entlang. Rote Waldameisen. Nally erinnerte sich, daß er einmal bei so einer Ameisenstraße gestanden hatte, mit einer Schere aus Olgas Nähkorb, und diese und jene Ameise in der Mitte auseinandergeschnitten hatte. Quer durch, wo sie am dünnsten waren. Der Teil mit den Beinen war noch weitergelaufen, am Kopf zuckten die Fühler eine Weile. Andere Ameisen legten kurz ihre Last hin, räumten die Kadaver beiseite, luden sich das Gepäck wieder auf und rasten weiter.

Ein Motorrad knatterte heran, stoppte. »Servus, was machst du?« Die Puch bullerte im Leerlauf, alle paar Sekunden jagte Alex den Motor hoch, drehte am Gas-Handgriff.

Was sollte Nally sagen? In Leckenbach: Was macht man da? »Ich schaue den Ameisen zu«, sagte er.

»Wie?«

»Den Ameisen!«

Alex war so verblüfft, daß er den Motor abwürgte. Unheimliche Stille, der Alex schaute dumm unter seinem roten Helm.

»Die Ameisen«, sagte Nally ungerührt, von plötzlicher Lust befallen, Alex weiter zu verblüffen, »besonders rote Waldameisen sind sehr interessant. Weißt du, daß die Königin zwölf Jahre lang Eier legt, wenn sie einmal befruchtet ist?« Nally hatte das gerade in einer der zerfledderten Illustrierten gelesen, aber das konnte ja Alex nicht wissen.

Alex schwang sich aus dem Sattel und betätigte mit kräftigem Fußtritt den Kickstarter. Die Puch heulte auf. Anscheinend sagte Alex was, Nally sah, wie sich dessen Lippen bewegten. Aber zu hören war nichts. Aus einem Haus gegenüber kam gestikulierend jemand angerannt, es war Mirko Nußböck, Verwalter der örtlichen Gasolinpumpe, ein kleiner, sehr dicker Mensch, der aber wieselflink laufen konnte. Auf Mirkos halbglatzerten Stirn blitzten immer Schweißtropfen, auch im Winter. Alex gab Gas und brauste ab. Nußböck blieb stehen. »Saubua, der Xandi«, sagte er. »Macht einen Lärm - furchtbar.«

»Furchtbar«, sagte auch Nally.

»Entsetzlich«, sagte Mirko Nußböck. »Wenn die Sommergäste kommen, was sollen die denken?«

»Sommergäste?«

Mirko rückte an seiner Hose, die eine Neigung besaß, vom Fettring um seine Hüften abwärts zu gleiten. »Ich vermiete jetzt«, erklärte er. »Zwei Zimmer im Neubau. Weißt ja, hinten habe ich angebaut.«

»Da vermieten Sie? Aber der Anbau ist ja gar nicht verputzt.«

»Außen nicht. Aber innen: alles tiptop. Heute kommen die ersten Feriengäste, mit dem Abendzug. Ich wollte dich bitten . . .«

»Ja, was?«

»Geh, kannst du sie abholen und zu uns bringen? Eine Frau aus Norddeutschland. Mit Tochter. Sie kommen von Wien. Bisserl komisch heißen's. Sie heißt Tobbenjohann. Die Tochter auch. Die Tochter heißt Marlies Tobbenjohann, und die Mutter heißt Tilde Tobbenjohann. Narrisch, gelt?«

»Was ist daran so narrisch, daß Mutter und Tochter gleich heißen? Ist doch meistens so.«

»Nicht das! Tobbenjohann finde ich narrisch.«

Nally schüttelte den Kopf. »Ist doch ein Name wie jeder andere. Oder finden Sie Nußböck weniger narrisch?«

Mirko bekam dunkle Augen, aber er ließ es dabei bewenden. »Geh«, sagte er. »Sei so lieb, hol sie ab. Kannst den Karren nehmen fürs Gepäck. Ich muß noch liefern. Aber die Marie ist ja da.«

Marie war seine Frau, so breit wie Mirko, nur ein bißchen kleiner.

»Also gut. Wie erkenne ich sie?«

»Bist deppert? So viele Stadtmenscher werden wohl nicht aussteigen in Leckenbach. Kennst di aus?«

»Gut. Servus.«

»Servus du. Dank dir auch.« Mirko Nußböck lief über die Straße und verschwand in seiner Gasolinstation. Vorne an der Straße lag ein Bauernhaus mit grünen Fensterläden. Hinten sah man das Dach vom Neubau. Er vermietet also, dachte Nally, während er zur Station zurückschlenderte. Sommergäste bekommen wir jetzt. Ein paar Wiener hatten sich ja gelegentlich hierher verirrt, mit Auto meistens, an Wochenenden. In der *Sonne*, dem einzigen Gasthaus von Leckenbach, gab es einen guten Schweinsbraten. Und einen Heurigen, der einem die Ohren abriß, so sauer war der. Nally hatte seine frühen Erfahrungen, von denen Leopold und Olga nichts ahnten.

Ausnahmsweise hatte sich Nally die Hände gewaschen, mit Seife, und sich mit viel Wasser einen Scheitel gezogen. Dann hatte er den Karren aus Nußböcks Schuppen geholt und war zum Bahnhof gezottelt. Leopold sah ihn erstaunt an, aber Nally erklärte ihm, daß Feriengäste kämen, für Nußböck. Der Stationsvorsteher schüttelte den Kopf. Neumodisches Zeug. Leckenbach als Ferienort!

Nally hatte sich Frau Tobbenjohann als blonde Dame vorgestellt, die ein Goldarmband trug und auf jeden Fall kräftige Schuhe anhatte, und da hatte er auch recht. Marlies, die Tochter, dachte er sich begreiflicherweise auch blond, aber sie war dunkelhaarig, trug Mittelscheitel, die Haare hinten mit einem Gummiring zum Pferdeschwanz gerafft, und ihre Stirn, mit ein paar Pickeln besetzt, war eiförmig. Nally registrierte das alles, als die beiden ausstiegen, zusammen mit ein paar Einheimischen, die von der Arbeit kamen, es war also kein Irrtum möglich. Nally begrüßte die Feriengäste. »Nee, so'n goldigen Jung«, sagte Frau Tobbenjohann. Marlies sagte nichts. Sie lutschte einen Bonbon, ihre Kiefern mahlten, das Kinn streckte sie vor. Nally lud das Gepäck auf den Karren, und die beiden folgten ihm zu den Nußböcks. Frau Nußböck stand in der Tür und rief »herzlich willkommen«. Marlies äugte an der unverputzten Fassade des Neubaus empor und sagte: »Wat'n Schietkram!« Nally trug schon die Koffer hinein, Marlies polterte mit ein paar kleineren Gepäckstücken hinterher. »Gibt es in dem Kaff 'ne Tanzdiele?« fragte sie. Nally sah sie entgeistert an. »Hier? Tanzdiele? In Leckenbach?« Marlies ließ sich aufs Bett fallen. »Au watte!« sagte sie. Mit Daumen und Zeigefinger holte sie den halbgelutschten Bonbon aus ihrem hellroten Rachen und klebte ihn unters Bettgestell.

Tilde Tobbenjohann, erster Feriengast in Leckenbach, durchmaß täglich mit flinkem Schritt die Auen, sah nach, wie der Weizen stand, wechselte manch fröhliches Wort mit diesem und jenem Landmann; wich, durch kräftigen Schuh gestützt, rasenden Kleinmotorrädern aus, deren junge Piloten die Feldwege zu Übungspisten erkoren hatten, und freute sich an den goldgefiederten Fasanen. »Auf die tritt man manchmal fast drauf«, berichtete Frau Tobbenjohann.

Und Marlies kaute Nägel oder lutschte Karamelbonbons. Sie fügte dem ersten unter das Bett geklebten halbgelutschten Bonbon im Lauf der Ferien viele weitere zu, dicht an dicht saßen sie zuletzt wie ein Beulenausschlag, glücklicherweise unsichtbar. Marie Nußböck hätte die Hände über dem Kopf zusammengeschlagen, sie tat es auch, später, als Tobbenjohanns längst abgereist waren. »No servus«, sagte Marie da, »was doch die Stadtmenscher für Ferkel san!«

An solche Folgen dachte Marlies nicht. Offensichtlich hatte sie beschlossen, die Ferien größtenteils in liegender Stellung zu verbringen, im Nußböckschen Neubau, wo ihr Koffergrammophon alle Evergreens der damaligen Zeit dudelte, vom »Kleinen Gardeoffizier« bis »Constantinopel«.

Das war ziemlich neu für Nally, der als Adjutant, Kümmerer und Besorger zugelasssen war bei Marlies. Auch er lutschte nun Karamellen, widerwillig, aber Marlies bot ihm welche an, und Nally war bald ziemlich verliebt in das blasse Mädchen mit den Pickeln auf der eiförmigen Stirn. So lauschte er willig ihren Monologen aus der großen Welt, weit, weit weg von Leckenbach, einer so anderen Welt, daß Nally manchmal glaubte, er könne sie nur mit einem Raumschiff erreichen.

Marlies lag auf das Bett hingegossen, zu ihren Füßen kauerte Nally auf einem Bettvorleger, der rutschte und ihn jeweils binnen einer halben Stunde fast unter das Bett beförderte, in die aus angelutschten Karamellen gebildete Tropfsteinhöhle, das Werk von Marlies' rosa Gaumen. Das Grammophon drehte sie leiser, sagte zu Nally: »Schau, du hörst das, und du bist im Bauch der Stadt. Du bist da, wo alle dir nahe sind, die meisten kennen dich nicht, du bist allein und doch zwischen ihnen. Keiner fragt dich, alle leben und denken im Rhythmus der Musik. Du mußt dir vorstellen, du bist eine Pflanze, eine Alge auf dem Meeresgrund, die nur von den Wellen leise bewegt wird, und neben dir, vor dir und hinter dir bewegen sich die anderen Algen, genauso.«

Nally stellte sich ungerne vor, eine Alge zu sein, die Flüsse waren voll von dem Zeug, aber Marlies zuliebe lauschte er andächtig und sah ihrer blassen Hand zu, die wie ein Tier von der Hüfte her ihre Strandhosen herunterkroch, bis sie wie zufällig in der Schoßgegend liegenblieb. Nally war fast drauf und dran, einen Kuß auf diese Hand zu drücken, aber er hatte Angst vor den Folgen; wenn das Spiel vielleicht, kaum auszudenken, mit Entkleidung endete: Wie sollte er sich unauffällig seiner orthopädischen Schuhe entledigen?

Gewöhnlich platzte Tilde Tobbenjohann in die Idylle, das Gesicht von frischem Sonnenbrand gerötet, einen Feldblumenstrauß in der Hand: »Ist ja gediegen«, sagte sie dann. »Das junge Volk schmort hier im Halbdunkel. Kinder, draußen dröhnt der Sommer. Wollt ihr nicht hinaus? Es ist wunderbar! Diese ungestörte Natur! So muß man Ferien machen. Kind, stell doch endlich diese fürchterliche Musik ab. Daß du so was aushältst?« Scharf fixierte sie Nally, der seinen Rutschteppichsitz verlegen aufgab: »Ja, denn«, sagte Nally. »Kann ich noch was für Sie tun?«

»Nein, wie lieb«, sagte Tilde Tobbenjohann. »Eigentlich nicht. Aber warte, es ist ja keine Vase da. Geh, besorge eine Vase.«

Nally besorgte eine Vase.

Kam er von solchen Sitzungen zurück in den Bahnhof, fragte ihn Leopold: »Bist du eigentlich der Fremdenverkehrsdirektor hier? Kümmere dich doch mal um deinen eigenen Mist, ich bitt schön. Du fällst den Leuten auf die Nerven.«

Aber Nally wollte weiter auf die Nerven fallen, allerdings zog es Marlies immer öfter vor, sich allein zu langweilen, und so nahm die Mutter Nally mit auf ihre Ausflüge. »Guter«, sagte sie. »Du kennst das alles hier, ja? Zeig mir ein bißchen was Schönes.«

Wenn sie über die Felder schritten, den Wald durchstreiften, wo es schon Pilze gab, fragte Frau Tobbenjohann ihn aus, wie alt er sei, was er tue, beabsichtige, ob er ein Mädchen habe, was er werden wolle. Nallys Auskünfte blieben mangelhaft. Sollte er zugeben, daß er seiner Geburtspanne wegen eigentlich noch gar nichts geworden war? Im schattigen Garten des Wirtskruges *Sonne* tranken sie Wein, erhitzt vom Ausflug, und da meinte Frau Tobbenjohann: »Ein reizender Bursche bist du, Nally. Komm, setz dich neben mich.« Und weil es schon das dritte Viertel war, das sie getrunken hatte, begann sie mutig, aber doch wie zufällig die Innenseite von Nallys Schenkel zu streicheln. Nally erstarrte. Wie verhielt man sich in solchen Situationen? Er tat, als bemerke er es nicht.

Frau Tobbenjohann wurde mutiger, bestellte noch zwei Viertel, eins für Nally, eins für sich. »Sitzt Marlies wieder zu Hause?« fragte sie.

»Ich denke schon.«

»Ach Gott, das Kind kommt gar nicht an die Luft! Dabei sind wir doch extra hierhergefahren ... Hast du keine Schwester, mit der sie was unternehmen kann?«

»Leider nicht.«

Tilde Tobbenjohann blinzelte in das Licht, das durch die Zweige der alten Kastanien fiel, ließ einen Augenblick das Streicheln sein und erweiterte mit beiden Händen den Ausschnitt ihres Oberteils: »Ach, wenn man mal allein sein könnte in dem Zimmer ...« Dabei sah sie Nally an, daß dieser eine Gänsehaut auf dem Rücken bekam.

Nach einer Woche hatte die Sommerfrischlerin sich auf sechs Viertel hochtrainiert, zwang Nally, mitzuhalten, so daß er, wenn er abends nach Hause kam, nur schwer seinen Rausch verbergen konnte. Olga beäugte ihn dann mißtrauisch: »Nally, nicht daß ich mir könnt denken, aber: du wirst trinken, etwa?«

»Er wird nicht etwa, er hat schon«, blubberte Leopold. »Schau dir das Schwein an!«

Das Schwein steuerte an Kamnitzers vorbei, zur Treppe, erreichte die Dachkammer. Ausgestreckt auf dem Bett versuchte Nally dann, das Karussell anzuhalten, das wild mit ihm im Kreise fuhr. Schließlich hatte er einen Trick heraus: Er mußte den Kopf hochrecken, vor allem die Augen offen behalten.

Unten hörte er Frau Tobbenjohann, die mit den Pflegeeltern Konversation machte: »Wir haben ein Gläschen miteinander getrunken. Hoffentlich war es nicht zuviel für den Jungen. Bei der Hitze. Fühlt er sich auch gut, ihr Adalbert?«

»Sehr gut«, sagte Leopold ingrimmig. »Außerordentlich gut, Gnädigste. Das macht sicher der Umgang mit Ihnen. Es ist nett, daß Sie so gütig sind, Gnädigste, sich etwas anzunehmen. Ich meine, des Buben. Daß er mit Ihnen ... eine so weitgereiste Frau.«

»Würklich ...« hörte man Frau Tobbenjohann sagen. Deppert bist, Alter, dachte sich Nally karussellfahrend da oben in seinem Zimmer, wirklich deppert bist. Kriechst der in den Arsch, der alten Schnecke.

Die alte Schnecke kam zum Ziel. Sie gewöhnte Nally daran, ihre scheinbar zufälligen Zärtlichkeiten hinzunehmen. Kaschierte ihre Tastgriffe mit Wortschwallen: »Guck nur, so ein schönes Land. Nein, dieser goldene Weizen. Und das dunkle Grün der Bäume darüber. Und hinten die Weinberge. Nein, wenn ich hier leben könnte!« Dabei hatte sie ihre hübsche, fette Hand bereits in Nallys Hemd schlüpfen lassen. Nallys Hose spannte sich, was Tilde Tobbenjohann wohl wahrnahm. Sie wußte sich kurz vor dem Ziel. Von Marlies war nicht mehr die Rede.

Wieder ging es in den Wirtsgarten, es war schon spät diesmal, die Sonne versank wie eine gequollene Blutorange, es wurde der Abend der sieben Viertel, Tilde raunte Geständnisse: »So'n glatten Jung, nich? Muß man ja liebhaben« - und ihre Hände fuhren emsig an Nally auf und ab: »Gott, wie der Bogen gespannt ist!« Nally glaubte, er höre nicht recht, dies war der letzte Schutzwall. Frau Tobbenjohann erbot sich, Nally nach Hause zu führen. »Samariterdienst«, sagte sie, aber wegen der genossenen Viertel sagte sie erst zweimal Saramiterdienst. Sie mußte hell lachen, während sie untergehakt Richtung Bahnhof torkelten.

Alex fuhr auf der Puch vorbei und wäre fast gestürzt, als er die beiden ins Scheinwerferlicht bekam. Die Staubwolke, die er aufwirbelte, umhüllte Meisterin und Schüler, sie schmeckten den Staub auf den Zungen, während sie stehenblieben, weil Tilde Tobbenjohann Nally ein paar schnelle, anfeuernde Küsse aufdrücken mußte. Nally schwamm, in den Armen der reifen Krake Tilde, auf den Bahnhof mit seinen Lichtern zu, flüchtig sah er Marlies vor sich und ihre wandernde weiße Hand, aber dann taumelten sie am äußersten Ende des Bahnsteiges in Nallys Dschungel, in das Holunderdickicht.

Nicht lange drauf trat Herr Stationsvorsteher Kamnitzer, die rote Mütze ordentlich auf dem Kopf, auf den Bahnsteig hinaus, um ein wenig Luft zu schnappen. Merkwürdige Laute waren aus dem Holunder zu hören. Leopold schritt näher, sah plötzlich die weißen Dolden des Hollerbusches wie von einem Tornado gepeitscht hin und her wogen, obwohl doch gar kein Wind ging, und dann, aus weiblicher Kehle offenbar, ein wildes »Ja, ja! Ach der kleine Aaal! Ach!« Ein fürchterlicher Verdacht überkam Herrn Poldi. Er eilte auf den wogenden Holunderbusch zu und rief: »Nally! Nally! Sofort kommst du da aussa! Komm sofort aussa! Dich werd ich lehren im Gebüsch pudern!«

Das wogende grüne und weiße Meer kam zur Ruhe. Stille, dann knackte es. Aus dem Gebüsch kam Nally gehüpft. Im matten Licht der ersten Bahnsteiglaterne sah Leopold, daß Nallys Hosen und seine weiße Unterhose ihm wie Fesseln um die Knöchel hingen. Die staubigen Spitzen der orthopädischen Schuhe schauten darunter hervor. Nally zog eilig die Hosen hoch. Leopold packte ihn am Kragen. Aus dem Busch tönte es: »Ich bleibe hier. Ich bleibe. Huch, Sie Unmensch! Kommen Sie bloß nicht näher!« Vater Kamnitzer trieb Nally ins Haus, schmetterte die Tür zu.

»Was, bittschön, soll das?« fragte Olga. Leopold stieß seinen Pflegesohn durch die nächste Tür, in Richtung Treppe, schmiß auch diese Tür mit einem Knall zu. Seine rote Mütze saß schief. »Er pudert dieses Ferienweib«, sagte er. »Auf meinem Bahnhof!«

Der Zug hielt kurz in Korneuburg. Nach Wien war es nicht mehr weit. Nally döste in seiner Ecke. Schließlich schlief er ein. Und träumte, daß eine große, treu schauende Ratte sich ihm zärtlich näherte, den Kopf Liebkosungen heischend an seine Hand stieß. Ein gar nicht unangenehmes Gefühl: Freundin Ratte. Dicht daneben sah Nally ein Bauernhaus mit niedrigem Dach. Ein Mann in schwarzem Lederdreß, mit erhobener Skeet-Flinte, war so groß, daß er bis zur Regentraufe reichte. Der Mann drückte ab, ballerte zwei Schüsse in die Luft. Die zärtliche Ratte verschwand mit einem Satz.

Der Tag, an dem Paule den Mantel gewann

Mein Freund Paule verdiente jetzt sein Geld mit Pferden, die er in Baden-Baden laufen hatte. Er trug eine Art irischen Radmantel, Zugstiefeletten und eine karierte schottische Mütze mit Bommel drauf. Das alles verhinderte nicht, daß der alte Paule durchkam. Jener Paule der Schwarzmarktzeiten, mit auf den Scheitel geklebter Schiebermütze, grüngrau schillerndem Regenmantel.

Immer noch standen, trotz seiner vornehmen Rennstallbesitzer-Ausstattung, graue Bartstoppeln um Paules Kinn, aus denen weiß die Chesterfield blitzte. Er ließ sie wuchern, die Stoppeln. Ahnte, daß bald ein Verläßlicher ihn fragen würde: »Brauchste 'n Hammer?« – »Für wat?« fragte dann Paule zurück. Und wußte, daß der Verläßliche antworten würde: »Du mußt dir mal wieder die Stoppeln nach innen kloppen.«

In jenen Schwarzmarktzeiten, einer inzwischen sagenhaften Epoche, hatte Paule ein paar ereignisreiche Wochen auf meinem Sofa kampiert. Wenn er jetzt nach Berlin kam, um mich zu besuchen, wußte ich: Eine Gedenk-Sause stand bevor. Diesmal begaben wir uns, wie Paule es formulierte, »in den Schatten des Bülowbogens.« In der Bülowstraße verläuft eine inzwischen stillgelegte Strecke der U-Bahn als Hochbahn. Im Schlagschatten der Bögen, von Eisenkonstruktionen gebildet, befinden sich Trödelläden, Autoreparatur-Werkstätten, ein paar Kneipen. Eine dieser Kneipen heißt *Lady Godiva*.

Ein merkwürdiger Name für eine Budike unter dem Hochbahnbogen, zurückzuführen auf den seinerzeitigen Wunsch des Wirtes, Emil Pommerenke, englische Besatzungssoldaten anzulocken.

Das war lange her. Der Name war geblieben. Und geblieben war Paules Treue zu seinem alten Freund Pommerenke.

Wir schlugen einen Bogen um drei kleine Mädchen, die vor der Kneipe Hopse spielten.

»Weeßte, wer se war?« fragte Paule, »die Lady?«

Ich schüttelte den Kopf.

»Sie is splitternackt uffs Pferd jeritten.«

»Warum?«

Paule stieß die Tür auf. »Wat weeß 'n Fremder. Is historisch. Drin is se abjebildet.«

Dicke Luft in der *Lady Godiva*. Es dauerte eine Weile, bis man Einzelheiten erkannte, fast undurchdringlich hing der Nebel von Zigaretten und Stumpen. Über einer Batterie von Kupferhähnen schwankte Pommerenkes Kopf, düsterer Seehundsbart, die Haare zu Sardellen gelegt. An der Wand hinter ihm, teilweise durch Schnapsbuddeln verdeckt, ritt auf einem Gemälde in Goldrahmen die nackte Lady. Sie sah aus wie Aschenputtel, dem sie die Kleider geklaut haben. Ihr langes Goldhaar klemmte zwischen Pferd und Ladyhintern. »Mach paar Mollen und paar Korn zurecht«, wies Paule den Wirt an. »Heute Linienschiff.«

»Was heißt denn das nun wieder?«

»Kennste nich den ollen Singsang: ›Een Linienschiff, een Linienschiff, det is een Schiff wat Linien schifft.‹ Siehste. Nu trinken wa Molle und Korn immer eens hinterm andern, det heeßt Linie. Und denn jehn wa Linien schiffen. Is det klar?«

»Klar.«

»Der Kleene hier is weltfremd«, erklärte Paule seinen Freunden, auf mich deutend. Uns umzingelten Joldzahn-Eddie, Krempen-Willy und noch ein paar Kumpel, Genießer und Nassauer, deren Namen ich mir nicht merkte. Ein paar Mädchen gehörten zur Runde. Eine fragte: »Isser noch jrün? Denn kann er jratis mit ruffkommen.«

Schnüffelpaule grinste, ein Vorgang, bei dem seine Zigarette in dem Stoppelfeld erst nach links, dann nach rechts wanderte. »So schlimm isset nich. Et mangelt ihn nur an praktischer Lebenserfahrung. Er schreibt.«

Schweigen.

Dann räusperte sich Krempen-Willy:

»Eh, schreibste Sauereien? Wie Pittigrilli?«

Dies war nicht der Ort, um ein Berufsbild des ernsthaften Schriftstellers zu entwickeln. Pittigrilli! Über den hat als letzter mein Großvater gelacht! Paule zog ein Mädchen an sich heran, ein bißchen ramponiert schien sie mir, aufgeklebte Wimpern, die Haarwurzeln gehörten nachgefärbt. »Lücken-Else. Wer mit der jeht, braucht keen Kamm. Else, lach mal.«

Else lachte. Ihr fehlte jeder zweite Zahn. Exakt jeder zweite. Paule deutete in den Hintergrund, wo eine Treppe in den ersten Stock führte. »Wenn de willst, kannste mit ihr ruffjehen. Kille, kille, Pankow. Ick lade dir ein.«

Else klappte ihre Kulleraugen auf.

Ich verschob kille Pankow.

»Wie soll det Proletarjat leben bei solchen Kunden«, beschwerte sich Joldzahn-Eddie.

»Kannst ja Honneckern seine SED beitreten.«
»Laß det mal«, sagte Paule. »Prost.«
»Prost. Uff Karl Marx.«
»Den echten.«
»Den mit 'n Bart.«
»Lieber uff Jochen Vogel.«
»Denn spiel uns ma jleich det neue Lied: ›Am Ku-Damm steht 'n Hofbräuhaus . . .‹«
Pommerenke erläuterte Berlins Zukunft, indem er unter seinem Seehundsbart hervormuffelte: »Wennt Bayrisch Bier rejnet und Bratwürste schneit – denn bitt ick 'n lieben Herrjott, det Vogel hier bleibt.«
»Chapeau«, sagte Krempen-Willy, »det kostet 'ne Hausrunde.«
Eins der Mädchen schnorrte eine Mark und warf sie in die Musiktruhe. Elvis. Krempen-Willy regte sich auf: »Wat soll denn det wieder? Amerikanischer Wackelpudding mit Himbeersoße. Herr Wirt! Soll ick Ihren Klapperkasten zerlejen? Wir ham Anspruch uffn besseret Programm. Wat is mit ›In Rixdorf is Musike‹?«
»Spinnste?« fragte Lücken-Else. »Wo lebn wa denn? Du kannst doch wenichstens 'n bißchen mit de Zeit jehn.«
»Wat heißt mit de Zeit jehn? Pluster dir man nich so uff, sonst jehn wa beede Bibop tanzen.«
»Mit deine ondulierte Beene? Damit kriechste nich mal 'n Schieber hin. Da jeh ick jede Wette ein!«
»Kinder ihr habt wohl nich alle? Reißt euch zusamm. Paule is uff Besuch. Wirtschaft! Ne Lage!«
Pommerenke schob die Gläser unter den Bierhahn. »Wat ihr zu meckern habt. Seid froh, det euch niemand die Pelle abzieht.«

»Jawohl. Für Lampenschirme. Bei deine Tätowierungen brauchste 'ne Zweehundert-Watt-Birne.«

»Darüber spaßt man nicht.«

»Wat heeßt hier spaßen? Is 'ne alte Erfindung. Een Landjraf hat sich aus 'n erlegten Wilderer Lederhosen schneidern lassen.«

»Det will keener hören.«

»Und in Zittau, wo ick herkomme, hatten se 'n janzen Räuber. Jejerbt. In de Ratsbibliothek.«

»Wie is eener wie du in de Ratsbibliothek jekommen?«

»Ick jebe zu, ick hab det nur jehört. Als Kind. Der Lehrer hat uns det erzählt.«

»War wohl eener mit 'n Parteibonbon, wa?«

»Det jabs damals noch nich. Laß mir in Ruhe, ja? Sonst kriechste wat an deene Hauptjebäude, dette denkst, du lebst in 'ne Erdbebenzone.«

Pommerenke kam hinter dem Tresen hervor. Schweigend griff er sich den Randalierer. Trug ihn am Kragen zur Tür. »Zurück nach Zittau«, sagte er.

Wir sahen den Gast bei seinem Flugversuch. Der Gehsteig war leer, die kleinen Mädchen spielten nicht mehr Hopse vor der Kneipe. Die Tür fiel zu.

»Wer war det?«

»Keene Ahnung. 'N Verirrter. Gibs manchmal. Ne Lage ufft Lokal.«

Pommerenke sah mich an, als weiteren Nicht-Stammgast, mit prüfendem Blick, als könne sich der Fall Zittauer wiederholen. Dann schien er sich zu erinnern, daß ich mit Paule gekommen war. Und damit unverdächtig. Er zwinkerte mir über die Bierhähne hinweg zu.

Joldzahn-Eddie meinte: »Wo warn wa eijentlich?«

»An dem Punkt, dette ne Lage schmeißen wolltest.«

»Warum wachse ick bloß mit Schlagfertije uff? Wirtschaft! Wat sein muß, det muß sein!«

Sie forderten Paule auf, beim nächsten Linie-Trinken das Bier wegzulassen. »Bier verdünnt den Korn.« Paule lächelte. Ich konnte ihn nur mit dem Hinweis auf mich ablenken. Ob er keine Verantwortung fühle?

»Ick fühle«, sagte Paule. »Sauf ick dir eben untern Tisch, da biste jut aufjehoben.«

In Lücken-Else hatte ich eine Freundin gefunden. »Laß det«, sagte sie ernst zu Paule.

Er schüttelte seinen Radmantel wie eine nasse Pelerine. »Hast recht. Der Kleene – er deutete auf mich – soll in die Heia. Auf laß uns stoßen.«

»Er kann in meine Heia.«

»Ick weeß nich. Nachher beißte ihn, und denn issa perforiert.«

Wir verließen die Lady Godiva. »Wo wir uff Achse sind«, meinte Paule, »wolln wa kieken, ob bei Walterchen noch wat läuft?«

Walterchens Ballhaus. Witwenball. Ball der einsamen Herzen!

Wir gingen die paar Schritte. Bei Walterchen war Hochbetrieb. Wir nahmen auf der Balustrade Platz. Bestellten eine Flasche Liebfrauenmilch.

Sie hatten einen neuen Animiermeister, der Stimmung machte. Ältliche einsame Mädchen sahen zu uns auf. Es roch nach Puder und Lavendelseife. »Damenwahl! Der nächste Tanz in diesem Saal ist Damenwahl!«

»Du liebe Jüte«, sagte Schnüffelpaule, »det hatte ick verjessen!«

Zwei Wuchtbrummen stiegen zu uns herauf. »Die Herren tanzen?«

Wir erhoben uns. Paule ließ seinen Mantel auf den Stuhl gleiten. Drunter trug er ein Jackett mit superbreiten Revers. Ausgestopfte Schultern. Wir geleiteten unsere Partnerinnen aufs Parkett. Ran an die Ramme! Ach, Max, wenn du den Tango tanzt ... Meine Partnerin ging in Knicklage, langer Rückwärtsschritt. Die Brüste! Ich hatte gedacht, nach dem Krieg seien sie abgeschafft, immer war ich an Bügelbretter geraten. Auf diesen Balkon konnte ich mich zum Sonnen legen. Mütterchen Tango und ihre Wendebojen.

Langsamer Walzer. Schau einer schönen Frau nicht zu tief in die Augen ... Meine Partnerin blitzte mich an. »Lilo«, sagte sie. »Ick heiß Lilo. Und Sie?«

»Orje«, sagte ich förmlich.

»Hübscher Name.«

Die Damen nahmen an unserm Tisch Platz. Wir leerten eine zweite Flasche Liebfrauenmilch. Unten im Saal herrschte Stimmung. Der Animiermeister, in einer Art mit Tressen besetztem Zirkusfrack, die Haare zu Sardellen gelegt wie Pommerenke, peitschte seine Klientinnen an: »Und wieder – Damenwahl!«

Paule machte sich klein. Lilo verstand ihn. Sie schlug vor: »Wolln wa aufn Kaffee bei uns? Is gleich um die Ecke.«

Sie wohnten in einem Zimmer in Untermiete, aber mit eigenem Bad. Im Badezimmer machten sie auch das Kaffeewasser heiß, mit einem Tauchsieder, wie ich durch den Türspalt sah. Die Kollegin, jene, die Paule zum Tango aufgefordert hatte, hieß Frieda.

»Ach Frieda, sowat wie du war ja noch nie da«, summte Paule. Lilo rief: »Frieda, paß mal uffs Kaffeewasser uff.«

Beide verschwanden dann im Badezimmer, erschienen wieder in rosa Harnischen, schweren Korsagen, an denen unten braune Strümpfe zumpelten, Paule sah es auch und murmelte etwas von »durch den Kakao ziehen«, eine Assoziation, scharfen Beobachtern wie uns gemäß, nach fünfzehn Bier und Korn, und der Liebfrauenmilch, und im Weggehen bei Walterchen hatten wir die Damen noch zu geschminkten Lauras eingeladen, wie die Weiße mit Waldmeister von ihnen genannt wurde, – genug, um äußerst scharf zu sondieren, Details zu erkennen wie die zumpelnden Nylons. Das darüber war schöner, hinter den Mädchen im Bad brannte Licht, umrandete die auf uns zuschreitenden rosa Krustentiere mit Aureolen; Langusten-Prinzessinnen begaben sich an Land, in aufrechter Haltung. Esther Williams mal zwei, als Hummeriden verkleidet. Wir starrten auf die überirdischen, überaqualen Wesen. Sie kamen näher. NÄHER. Beugten sich über uns. Wir ächzten unter der Last der Panzer, Geruch von Puder, mit Achselschweiß gemischt, überflutete uns, die Kraken krochen auf uns, ihre Münder tasteten unsere Gesichter ab, ein barmherziger Bernhardiner zapfte Asbach Uralt aus einem Fäßchen, das er wie stets zur Abendstunde um den Hals trug statt Smokingschleife, die Nereiden atzten uns, während ihre Molluskenkörper auseinanderflossen, die Hummernschalen sich öffneten, das Fließende uns einhüllte ...

Ich erwachte, als Morgenlicht graublau das Zimmer auszufüllen begann. Saß in einem Sessel. An der Wand fand ich den Bernhardiner wieder, auf einem Reklamedruck mit der Inschrift Chocolat Tobler. Ein Faß hatte er nicht um, der Bernhardiner. Aber auf dem Tisch stand eine angebrochene Flasche Asbach, zwischen leeren Kaffeetassen, einem angebissenen Stück Torte, Schnapsgläsern, in denen bernsteinfarbene Neigen klebten. Paule lag auf der Bettumrandung, unter einem reichgeschnitzten Fußteil, der Zierat hing wie braune Stalaktiten auf ihn hernieder. Sein Radmantel war um ihn gehüllt, auf eine Weise, daß Paule aussah wie zerbrochen. Nur seine Mütze saß fest auf dem seitwärts gewendeten Kopf.

Er schnarchte.

Ich stand auf.

Im Hintergrund des Zimmers erleuchtete der matte Schein einer Nachttischlampe mit gelbem Schirm zwei Schläferinnen. Die eine hatte sich oben abgedeckt, die andere unten. Aus den beiden sichtbaren Hälften hätte man eine neue Tangotänzerin zusammenschrauben können. Auf jeder Seite des Bettes lag eine Krustazeenschale, Negativform der jeweiligen Schläferin, abgestreift, wodurch die Schalen etwas Selbständiges bekamen. Ich bückte mich. In der Schale, die meinen Augen nahe war, sah ich eingestickt die Marke: Triumph. Leise ging ich um das Bett herum, trat über den Schlafenden im Mantel, bückte mich zur anderen Schale. Wegena las ich. Wegena und Triumphia, die Meerjungfrauen aus Walterchens Ballhaus.

Ich rüttelte Paule. Er scheuchte mit der Hand unsichtbare Fliegen weg. Wachte auf. Sah mich mit einem Auge an. Das andere behielt er zu. Er nickte. Ich half ihm auf. Er warf einen Blick auf die Schläferinnen, dann auf den Bernhardiner. Goß sich einen Asbach ein. Überlegte und setzte die Flasche an. Trank dem Bernhardiner zu. Dann bückte er sich über einen der abgestreiften Harnische, der in zunehmendem Tageslicht Farbe gewann. Es war der Wegena-Panzer. Paule nickte wieder. Wir gingen zur Tür.

»Wenn wir schon uff de Beene sind, könn wa den Tach ooch jenießen«, sagte Paule auf der Treppe. »Wat fürn Tach ham wa?«

Sonntag.

Im Bahnhof Zoo fanden wir einen Friseur, der uns rasierte. Im Café *Möhring* stießen wir auf ein Nest von Kaffeetanten. Ihre Hütchen auf dem Kopf, saßen sie wahrscheinlich seit Leipzigeinundleipzig an den Marmortischen. Wir bestellten zwei Mal Börsenfrühstück.

In einer Bude an der Ecke Uhlandstraße verkauften sie Lose fürs Rote Kreuz. Wir nahmen jeder drei. Gewinn stand auf einem von Paules Loszetteln. »Schon wieder ein Hauptgewinn«, rief der Losverkäufer ins Mikrofon. Über Lautsprecher war er weithin zu vernehmen. Ein paar Frühbummler blieben stehen. »Komm Se auf den Balkong, der Herr.«

Paule ging, eine Art Hühnerleiter führte nach oben. Ich sah ihn mit dem Los-Mann auf den winzigen Balkon treten. »Was meinen Sie, was Sie gewonnen haben?« fragte der Losverkäufer und streckte Paule das Mikrofon hin. Paule zuckte die Schultern. »Sag doch was«, rief ich von unten. »'n Kinderwagen?« fragte Paule. Die Leute um mich herum lachten. »Neinnein«, sagte der Losverkäufer. »Einen Damenmantel.«

Er griff hinter sich ins Dunkel der Hütte, wo ein Helfer das gewonnene Objekt bereitgelegt hatte. »Ein modischer Damenmantel. Applaus!«

Die Leute klatschten. Paule nahm mit einer Verbeugung das gute Stück in Empfang, eine blaugraue Hülse, auf Taille geschnitten, unten glockig. Am Kragen zwei Zentimeter Kaninchen. Paule zeigte den Gewinn, drehte den Mantel nach allen Seiten, wie ein Kleiderhändler auf dem Markt. »Schmeiß runter«, rief ich.

Paule ließ den Mantel segeln. Ich fing ihn auf. Das Publikum klatschte wieder. Paule kam. Ich hielt den Mantel auf dem Arm. Paule starrte auf die Kaninchen-Verbrämung. »Wie ne Krankheit«, sagte er. »Wat machen wa mit det jute Stück?«

»Ich weiß nicht.«

»Haste keene Mulle, der de den schenken kannst?«

Ich schüttelte den Kopf.

»Halt dir fest. Ick hab ne Idee. Weißer Mohr.«

»Was?«

»Die Kneipe Ecke Joachimstaler Straße. Da jehn jetzt die Mäcks frühstücken wat ihre Pferdchens loofen ham in de Lietzenburjer. Möchte sein eener schätzt 'n jutet Anjebot.«

Zehn Minuten später waren wir den Mantel los, für siebzig Mark. Der Käufer lud uns zum zweiten Frühstück ein. Bouletten. Weiße mit Sekt. »Phänomenal«, sagte Paule anerkennend. »Von Sie kann man wat lernen.«

Der Mann, ein Mittdreißiger mit Koteletten, Sonnenbrille und links und rechts Schlitzen in der Jacke betonte: »Dieset trinke ick jeden Morjen. Seit nunmehro zwanzig Jahren.«

»Seit so lange? Det imponiert mir. Da ham Se jewissermaßen früh anjefangen. Niemand hat Se jestört?«

»Einmal geriet ick hinter schwedische Jardinen. War

aber unschuldig. Habe durch Bestechung der Wärter erreicht, daß mir jeden Morgen mein Trunk . . .«

»Det imponiert mir würklich. Brauchen Se zufällig 'n Pferd? 'n richtijet? Mit vier Beene? Erfolgreicher Traber. Hätte ick zu bieten.«

Der Mantelkäufer verneinte. Fühlte sich dann verpflichtet, uns einigen Freunden vorzustellen sowie noch eine Runde zu bezahlen, »wegen des guten Kaufs.«

Wir quirlten mit Strohhalmen in der Weiße, füllten mit Sekt auf. »Prost!«

Allmählich fand Paule dieses feine Morgengetränk zu labbrig. Er bestellte sich zehn Korn und trank Linie. Die Begeisterung schlug Wellen. Ein Taxifahrer meinte, wir sollten ihm unsere Adresse geben, so lange es noch Zeit sei. Er würde uns gratis befördern. Wenn wir aus den Latschen kippten. Paule saß wie 'ne Eins am Tisch, die Ellbogen auf der Platte, und warf dem Taxifahrer einen beleidigten Blick zu. Der Mantellude bestellte jetzt »zur Feier des Tages« Sekt ohne Weißbier. Paule meinte, ob wir bei den Walterchen-Hummern vorbeischauen sollten, inzwischen seien sie sicher aufgewacht.

»Paule«, warnte ich. »Jetzt ist es hell. Ob die uns noch gefallen?«

»Hast recht. Det hab ick nich bedacht. Siehste, darum jeh ick nie in't Theater, weil se da die Weiber hell anleuchten, und denn is die janze Illon flöten . . .«

»Die was?«

»Die Illulijohn. Du weeßt doch wat ick meene.«

Der Mantelloddel hatte das Stichwort Theater gehört und schlug vor, uns in ein erotisches Theater einzuladen, Frühvorstellung, aber Paule wollte nicht, die Puppen dürfe man nicht anfassen, meinte er, da fehle ihm was. Außerdem sei es doch hier gemütlich.

Allmählich kamen die ersten Mädchen, schlafbrüchig, Make-up über Pusteln, Gesichter wie Lampions mit erloschenen Kerzen. Ihre Macker ließen Scherze los. »Ooch schon auf? Du latschst, als ob de in ne feuchte Semmel jetreten bist.« - »Mach dir nich ins Hemde«, war die Antwort.

Die meisten Mädchen frühstückten Bier mit Sekt.

Diejenige, für die der Mantel bestimmt war, zeigte sich nicht. Der Kotelettenheini wurde nervös. Wir merkten, wie die Stimmung verdampfte. »Nu machen wir ne Flieje«, schlug Paule vor. »Behüt euch Jott, et wär so schön jewesen . . . Komm, Orje, für det restliche Jeld koofen wir uns 'n Spickaal.«

Mit unserem Aalpaket kamen wir wieder an der Losbude vorbei. »Unsere Glückspilze«, rief der Losverkäufer. »Versuchen Sie noch einmal Ihr Glück!«

Paule blieb stehen. »Zwee Damenmäntel an een Tach. Ob det meine Leber verträgt?« Er kaufte ein Los. Entfaltete es.

Gewinn stand drauf.

Rolf

Es war der letzte Sommer vor dem Krieg, einer jener heißen Sommer, an die man sich auch vierzig Jahre später erinnert, die zusammenschmelzen zu jenem Zeitabschnitt, der unsere Kindheit darstellte. Mein Freund Klaus Stehr war mit den Pimpfen des Fähnleins Wikinger ins Zeltlager gefahren, ich blieb zu Hause, von meinem Vater entschuldigt wegen Halsentzündung, die mich zwar oft befallen hatte in frühen Jahren, nun aber nicht stattfand: Mein Vater hielt nichts von Pimpfen und Zeltlagern und gebrauchte diese Entschuldigung. Zum Trost nahm er mich mit in ein nahes Dorf, einen Ort, der unter riesigen dunkelgrünen Linden träumte, mit einem Wirtsgarten (»Hier können Familien Kaffee kochen«), in dem ein Ponygespann sonntäglich gekleidete Stadtkinder in einem Wägelchen zog, bis es den üblichen Krach gab, weil Faßbrause und Kakao ihre Spuren auf blütenweißen Matrosenblusen hinterließen. Ein Huhn aus Gußeisen in natürlicher Größe gackerte, wenn man einen Groschen einwarf, und legte ein buntbedrucktes Blechei mit Liebesperlen darin. Die Kaffeetante, drei Meter groß, einer Karnevalsfigur gleichend mit ihrem riesigen Pappkopf, schwankte durch die Tischreihen. Wir bekamen schnell heraus, daß ein Mann darin steckte, der durch Löcher in Gürtelhöhe aus der Kaffeetante schaute. Zog man der Figur an den Armen, bekam der Mann Gleichgewichtsprobleme und murmelte Flüche, die durch das

Kattunkleid der Puppe gedämpft und unheimlich klangen.

»Möchtest du noch eine Apfelbrause?« fragte mein Vater. Ich wollte nicht, denn ich dachte an Klaus und die Pimpfe und wie schön sie es jetzt hatten dort oben am Uckersee bei Prenzlau, wie sie abkochten im großen Hordentopf, Erbsen mit Speck, und wie sie, zur Gitarre unseres Jungzugführers Fritze Trautwein, Lieder sangen: »Uns geht die Sonne nicht unter . . .«

Nach zwei Wochen kam Klaus zurück, auf dem Gepäckständer seines Brennabor-Fahrrades einen Karton. In dem Karton saß ein winziger Hund, braun, mit langen Hängeohren und einem treu blickenden Auge. Das andere hatte er halb zugekniffen, gelegentlich blinzelte er damit. Für einen Hund ungewöhnlich. »Er schwamm auf dem Uckersee, stellt euch vor«, sagte Klaus, »in diesem Karton. Fast wäre er abgesackt. Ich habe ihn rausgefischt. Den Karton auch.«

»Gemeinheit«, sagte mein Vater. Meine Mutter meinte: »Quäle nie ein Tier zum Scherz.« Sie sah uns an, als hätten *wir* den kleinen Hund ertränken wollen. Meine Großmutter, praktisch veranlagt, sagte zu Klaus: »Also, den Karton hast du getrocknet?«

Klaus konnte den Hund nicht behalten, sein Vater hatte etwas gegen Hunde; wie meiner gegen Pimpfe, nahm ich an. Der Hund blieb bei uns. »Wie heißt er denn?« fragte ich. »Rolf«, sagte Klaus. »Wieso Rolf?« – »Nach unserem Fähnleinführer.«

Er schwang sich auf sein Rad. »Braucht ihr die Schachtel?«

Wir brauchten sie nicht. Klaus fuhr eine schneidige

Biege und verschwand. Der Hund auf meinem Arm sah ihm nach und blinzelte mit dem einen Auge.

Großmutter meinte, der Hund sei ein bißchen klein, und es sei zweifelhaft, ob wir ihn durchbrächten. »Entweder kriegt er die Staupe, oder er kriegt sie nicht«, sagte sie. »Wenn er sie kriegt, ist es nicht gewiß, ob er sie überlebt. Aber ihr könnt ihn ja dem Tierarzt zeigen.«

Der Tierarzt in der nahen Reitschule, an Pferde als Patienten gewöhnt, hielt es für unter seiner Würde, den Hund anzufassen. »Man kann ihm die Ohren hochbinden«, sagte er. »Ich nehme an, er hat eigentlich Stehohren. Damit sie sich gewöhnen, muß man sie hochbinden.«

Wir banden Rolf die Ohren hoch. Ihm machte es nichts aus, mit einem Wickelverband auf dem Kopf umherzulaufen.

Die Staupe bekam er nicht.

Ein Ohr blieb stehen, das andere knickte wieder herunter. Rolfs zwei Hälften waren nicht miteinander in Einklang zu bringen.

Er wurde so groß wie ein Riesenschnauzer, blieb braun bis saharagelb, sein Haar war kurz und borstig. Als die Pflaumen an unserem Buschbaum reif wurden, suchte er sich die schönsten aus, fraß sie und spuckte die Kerne unter den Baum. Er begleitete mich, wenn ich in Pfefferkorns Kolonialwarenhandlung Persil holte, und Waltraud, Pfefferkorns kräftige Tochter, trat unschlüssig von einem Fuß auf den anderen. Früher hatte sie mir gelegentlich eine geschmiert, immer auf dem Rückweg, so daß ich mit Persil und Wechselgeld in den Sand flog. Rolf begleitete mich auch, als ich der blondbezopften Hannelore meine

Witzesammlung zeigte, ein Rechenheft, in das ich aus Zeitungen säuberlich ausgeschnittene Witze geklebt hatte, mit Syndetikon. Leider pinkelte Rolf in einem unbewachten Augenblick Hannelore ans Bein. Ihr weißer Wadenstrumpf färbte sich gelb. Meine Witze, fürchte ich, hatten sie ohnehin gelangweilt. Hannelore fuhr von da an stolz auf ihrem Fahrrad an uns vorbei.

Manchmal kam Klaus Stehr, um nach Rolf zu sehen. Er bremste mit seinem Fahrrad vor unserem Tor, indem er eine schneidige Kurve fuhr, das Hinterrad blockierte. »Er wächst ja«, sagte Klaus. »Aber das eine Ohr . . .«

Die anderen Pimpfe fanden, daß ich den Dienst vernachlässigte. »Alles wegen der dämlichen Töle«, sagten sie. Wenn wir uns sonntags im nahen Birkenwäldchen zum Geländedienst trafen, dauerte es keine Viertelstunde, bis Rolf auftauchte, mit heraushängender Zunge. Es nützte nichts, daß Großmutter ihn einsperrte, meine Mutter ihn festband: Rolf fand immer einen Weg, zu entkommen.

Es gab einen Grobian in unserer Jungenschaft, einen vierschrötigen Kerl, Siegfried, der mit Steinen nach Rolf warf. Rolf blieb dann einen Meter außerhalb der Distanz stehen, die Siegfried mit seinen Wurfgeschossen bestreichen konnte. Es schien, als lache er Siegfried aus.

Mir war es unangenehm, daß Rolf so an mir hing. Der Dienst war mir wichtig, niemand wagte zu Hause zu widersprechen, wenn ich sagte: »Heute habe ich Dienst.« Sämtliche Ankündigungen privater Vorhaben hingegen endeten mit Verboten. Sagte ich: »Heute gehe ich baden«, so meinte meine Mutter gewiß: »Kind, und die Schularbeiten? Heute bleibst du mal zu Hause.«

»Dienst« aber war höhere Gewalt, da wagte sie nicht, zu widersprechen, seit mein Jungenzugführer ihr einmal höflich klargemacht hatte, wie wichtig es sei, daß ich am Dienst teilnähme.

Nun schien es Rolf zu gelingen, mich in den Augen der anderen Pimpfe ins »Aus« zu befördern.

Die weiteren Ereignisse verhinderten das allerdings. Am 1. September 1939 wurde mein Vater eingezogen. Als ehemaligen Husar teilte das Wehrkreiskommando ihn einer Einheit in der Nähe zu, die ein Pferdelazarett einrichten sollte. Das Kommando über diese Einheit bekam jener Tierarzt, der einst den kleinen Rolf begutachtet hatte.

Sooft es ging, besuchte ich meinen Vater, der, im ehemaligen Herrenhaus eines Gutshofes einquartiert, Ausbildung in Veterinärkunde erhielt: In einem Unterrichtssaal hingen an den Wänden lebensgroße Querschnitte von Pferden mit inneren Organen, Blut- und Nervenbahnen. Wie ich von draußen durchs Fenster sah, benutzte jener Tierarzt einen Zeigestock, mit dessen Hilfe er die Abbildungen auf den Tafeln erläuterte.

Einmal sah er mich mit dem Hund über den Hof kommen. Er blieb stehen. »Warst du mit dem nicht bei mir?« fragte er. Ich nickte. Sah, daß Rolf dem Doktor die Gesichtshälfte mit dem treuherzigen Auge zugekehrt hatte. Der Veterinär beugte sich herab und streichelte Rolf den Scheitel. »Brav, brav«, sagte er.

Der Mann konnte nicht sehen, daß Rolf mir mit seinem anderen, dem listigen Auge zublinzelte.

Rolf begleitete Klaus und mich, wenn wir Altpapier und Buntmetall sammelten. Er mochte es, wenn wir dabei sangen:

»Lumpen, Knochen, Leder und Papier
ausjeschlag'ne Zähne sammeln wir.
Lumpen, Knochen, Leder und Papier –
alles sammeln wir – für Hermann ...«

Gemeint war Hermann Göring, damals Reichsbeauftragter für die Altmaterial-Erfassung. Das war Rolf gewiß gleichgültig. Aber er mochte die Melodie. Manchmal stellte er dann sogar sein zweites Ohr auf, und sein unkupierter Schwanz zitterte.

Frau Meibes, eine Nachbarin, sagte einmal zu meiner Mutter: »So 'n Hund frißt doch viel. Wie wolln Se den denn durchbringen, wenn der Krieg weiter dauert? Alles auf Marken!«

»Frau Meibes«, sagte meine Mutter, »Sie wissen gar nicht, wie man an so einem Tier hängen kann. Er war doch ganz klein. Und sollte ertränkt werden.«

Da nickte Frau Meibes und sagte: »Ja, so ist das wohl.«

»So 'n Quatsch«, sagte ich, als meine Mutter mir von dem Gespräch berichtete. »Die Meibes! Was kümmert die unser Hund?«

»Laß man«, sagte meine Mutter. »Sie hat ja nie einen Hund gehabt. Hat Angst, daß er Haare verliert auf ihrem Teppich. Die Frau ist schrecklich etepetete.«

»Was ist etepetete?«

Meine Mutter zog an ihrem Ohrläppchen, wie immer, wenn sie überlegte. »Na, eben eigen«, sagte sie.

Dann kam der Tag, an dem unsere Truppen in Rußland einmarschierten. Mann und Roß und Wagen, wie die Armee sie besaß, reichten nicht aus, und meine Mutter sagte: »Sie wollen jetzt auch Hunde nehmen. Die werden ausgebildet.«

»Als was?«

»Weiß ich es? Ich denke, als Meldehunde.«

Eines Morgens bekamen wir den Bescheid, im unfrankierten, behördenbraunen Umschlag mit der Aufschrift: »Frei durch Ablösung Reich.« Auf dem Bescheid stand, daß der Hund Steuermarke soundso beschlagnahmt sei für die Wehrmacht und vorzuführen sowie bei Eignung abzuliefern sei.

»Vielleicht ist er nicht schußfest?« sagte hoffnungsvoll meine Mutter.

Großmutter sah Rolf an, der vor dem Herd lag und einen Knochen benagte. Der Hund sah zu ihr auf, als wisse er, daß von ihm gesprochen wurde. Großmutter spitzte die Lippen, als wolle sie pfeifen. Wer sie kannte, wußte, daß dieses Lippenspitzen ein Zeichen hoher Skepsis bei ihr war.

Sie und ich: Wir brachten Rolf zum Sportplatz Siebenendenweg. Mit uns zogen viele andere Hundebesitzer, mit Dobermanns, Jagdhunden, Schäferhunden, Terriern, Schnauzern, Promenadenmischungen. Wie Rolf. Die meisten Hundebesitzer weinten.

Ein Mann mit gepolstertem Arm prüfte die Tiere. Rolf kam an die Reihe. Er verbiß sich in den Polsterarm. Ließ nicht los, als dicht neben ihm ein anderer Prüfer seine Pistole abfeuerte. Schußfest.

Wir wußten, wir hatten Rolf verloren. Ein Mann in Feldgrau führte ihn weg. Rolf sah sich noch einmal um. Zwinkerte uns zu. Großmutter nahm ihre Brille ab. Wischte sich die Augen.

Ein anderer Mann in Feldgrau händigte uns eine Empfangsbestätigung aus und achtzig Reichsmark. Großmutter nahm das Geld, faltete die Scheine ganz klein und verstaute sie in ihrem Brustbeutel. Sie war eine mißtrauische Frau.

»Keine Sorge«, sagte der Feldgraue. »Der Hundeführer wird Ihnen schreiben. Wie es Ihrem . . . wie heißt er? Rolf. Wie es Rolf geht. Keine Sorge.«

Wir gingen nach Hause. Vor uns führte eine Frau ihren Spitz. Er war nicht schußfest. Sie durfte ihn wieder mitnehmen.

Ein paar Wochen lang schaute ich jeden Morgen in den Briefkasten, ob nicht ein Feldpostbrief da sei. Von Rolfs Hundeführer. Einmal blieb Frau Meibes am Zaun stehen. »Habt ihr was gehört?« fragte sie. »Wie es eurem Hund geht?«

»Nein«, sagte ich. »Noch nicht.«

Frau Meibes sah mich an. »Sie sollen den Hunden Sprengstoff auf den Rücken binden. Dann werden sie gegen die sowjetischen Panzer gehetzt. Bei Berührung explodiert der Sprengstoff.«

Vierundzwanzig Möpse

Wie Boris da in der Toscana auf seinem Landsitz lebte, wäre drei oder vier Doppelseiten in einem einschlägigen Hochglanzmagazin wert gewesen: Der Schriftsteller von A. mit seiner Gattin, der aus Milano stammenden Baronessa di Sowieso ... Man kennt das. In der Tat gab es mehrere Veröffentlichungen über Boris als Schriftsteller und Landedelmann, und selbstverständlich nahmen Fernsehteams die Chance wahr, in feriengeeigneter Umgebung Filme über Boris anzufertigen.

Endlich, nach einer Pause von vielen Jahren, meldete Boris die Vollendung eines neuen Romanmanuskripts. Zu jener Zeit waren wir miteinander befreundet. In dieser Eigenschaft als Freund und in einer weiteren als Lektor des Verlages, in dem seine Bücher erschienen, fiel mir die Ehre zu, das Manuskript mit Boris durchzuarbeiten. »Wenn Sie wollen, bleiben Sie ein paar Wochen unten«, hatte der Verlagsleiter gesagt, »jedoch kommen Sie mit dem satzreifen Manuskript zurück.«

Boris bewohnt das Vorwerk eines Gutes, von dem gesagt wird, es habe ehemals den Medici gehört. Eine breite Allee führt zu dem mit Kunstschätzen vollgestopften Haus und seinen Nebengebäuden, die eine Terrasse hufeisenförmig umgeben. An der unbebauten Seite öffnet sich verblauende Hügellandschaft dem Blick, im Schnittpunkt aller Linien wird er durch Kuben und Kuppeln eines maurisch anmutenden Schlößchens eingefangen.

Das alles stand mir sofort vor Augen. Einen Tag später saß ich auf jener Terrasse im Liegestuhl und beobachtete Boris, der, eine grüne Schürze vor dem Bauch, mit der Stichsäge ovale Einschlupfe in die Vorderfront eines selbstgebastelten Taubenhauses schnitt. »Wir haben drei Probleme«, murmelte Boris über seine Arbeit hinweg, »erstens gibt es kein Wasser oder kaum welches. Ein paar Liter, die wir mit der Pumpe fördern. Zweitens haben beide Mopshündinnen am selben Tag geworfen, und wir haben vierundzwanzig kleine Möpse. Schau sie dir an, im Käfig hinterm Haus. Das dritte Problem ist deins. Im Arbeitszimmer steht eine Truhe, in der befindet sich mein Manuskript. Manche Kapitel sind nicht zu Ende geschrieben. Über den Anfang bin ich mir ein bißchen unklar. Am besten, du fängst an.«

Die Truhe enthielt etwa zweitausend eng mit Schreibmaschinenschrift bedeckte Seiten. Obenauf lagen neunundvierzig Anfänge für das Buch, in Versionen, die sich nur unwesentlich voneinander unterschieden.

Im Zwinger tobten die Möpse, wenn Boris oder ich nähertraten, stellten sie sich senkrecht am Maschendraht festgeklammert auf, wie die Tiller Girls. Wir teilten unsere Pflichten zwischen Literatur und Hundepflege. Boris tippte nachts Kapitel zu Ende, wenn ich Unvollendetes aus der Truhe gefischt hatte. Auf der Terrasse besprachen wir den Fortgang. Für die Möpse besorgten wir alle paar Tage Eimer voll Hühnermägen, wir schnitten sie klein, während wir unsere Gespräche führten. Ab und zu fiel ein Magen in den Topf Dauersuppe, der für uns in der Küche simmerte, fast unsere einzige Nahrung in jenen Wochen.

Denn, wie der Verlagsleiter geahnt hatte, - die Arbeit am Manuskript zog sich hin, trotz geringer Ablenkung. Einmal reiste ein junger Mensch mit Freundin an, flotter Skipper, der Jachten für Millionäre von Amerika nach Europa überführte. Die Freundin, Typ College-Girl, war auf dem letzten Törn mitgesegelt. Wir veranstalteten ein Picknick im Schatten eines runzligen Turms, unweit des Vorwerks. Die Freundin erinnerte sich an das berühmte Impressionistenbild und gab uns unbekleidet die Ehre. An ihrer linken Brust war die Brustwarze nach innen gekehrt. Als die Besucher längst abgereist waren, unterhielten Boris und ich uns darüber, daß und wie man dauernd versucht sei, hinzugreifen und diese Warze nach außen zu stülpen, wo sie hingehört.

Wehret den Anfängen! Wir hatten gewehrt, wohl auch wissend, daß dies vertrackte Ding, hervorgeholt, sogleich wieder zurückschlüpfen würde.

Einmal rückte ein Rudel hübscher Baronessen aus Mailand und Turin an. Die jungen Frauen, kostbar von allen Vogelwarten der Welt beringt, wollten den Dichter sehen, wohl aber auch ein kleines Abenteuer auf dem Land erleben. Sie tranken viel Wein, schon in der Schummerstunde; unsere Hühnermagensuppe bremste keineswegs ihre Energie, schöne Augen funkelten bald mit den Sternen um die Wette. Alles ließ sich gut an, bis Boris darauf hinweis, daß mangels Wasser unsere hygienischen Möglichkeiten gleich null seien, »was an Wasser läuft, brauchen die Möpse.« Die Baronessen warfen ihre Lancias und Alfas an und verschwanden in der Nacht.

Ein paar Tage darauf traf Boris' Lebensgefährtin ein, bepackt mit Proviant edler Art, sie fürchtete die Hühnersuppe. Sie besah die Möpse und fand, daß sie unter Vitaminmangel litten. »Wahrlich«, knurrte Boris. »Wir müssen ›Happy Dog‹ herbeischaffen.«

»Happy Dog« galt bei allen Hundezüchtern der Toscana als Wundermittel, möglicherweise hat sich das bis heute nicht geändert. Der Hersteller verkaufte nur direkt, es war nötig, daß man sich zu ihm bemühte. »Happy Dog« wurde etliche Kilometer entfernt auf einem anderen vermutlichen Medici-Gut produziert und, in mächtige Papiersäcke abgefüllt, verkauft. »Worauf wartet ihr?« fragte die Baronessa, mit strenger Falte zwischen den Augenbrauen.

Es dauerte eine Viertelstunde, bis Boris erschien, für den Ausflug passend gekleidet. Ähnlich muß Old Shatterhand am allerersten Tag in der Prairie ausgesehen haben. Hosen und Schlupfweste aus feinstem, hellbraunem Waschleder, mit Fransen verziert, umhüllten die sportliche Gestalt des Dichters. Die Beine steckten in gleichfalls hellbraunen Wasserstiefeln mit umgeschlagenen Krempen. Die Baronessa zog ihre Augenbrauen hoch, was die Falte nicht verschwinden ließ. Wir warfen uns in den Jeep und fuhren davon, auf eben jenem Zypressenweg, auf dem unsere Besucherinnen uns neulich verlassen hatten. Nur war jetzt heller Tag, und wir wirbelten eine Staubwolke auf, als Sichtvorhang zwischen uns und der Baronessa.

Je weiter wir uns entfernten, desto fröhlicher wurde Boris. Endlich Abwechslung. Kein Manuskript, keine Möpse. »Wieso weiß deine Frau, daß sie Vitaminmangel haben?« fragte ich. »Sie leiden an Ausschlag«, belehrte Boris mich. »Man sieht das, wenn man aus der Nähe hinschaut. Aber was sollten wir machen? Wir konnten die Möpse nicht einen ganzen Tag alleine lassen. Jetzt ist für sie gesorgt. ›Happy Dog‹ wird sie kurieren, die verdammten Viecher ... Ich dachte, der olle Mopsvater bespringt die Hündinnen nicht mehr. Mit dreizehn Jahren sollen Rüden die Lust verlieren. Wieder so ein Beispiel. Niemand kennt sich aus. An einem Tag bespringt das Vieh beide Hündinnen.«

Den Uralt-Mops, der auf den Namen Leonidas hörte – oder meistens nicht hörte – hatte ich umherschleichen sehen. Er tat, als ginge ihn die vierundzwanzigfache Brut, als gingen die Hündinnen ihn absolut nichts an. Der Bursche wackelte durchs Gras, blieb stehen, furzte und ließ sich zu Boden sinken. Eine viertel oder halbe Stunde blieb er liegen. Dann stand er mühselig auf und taumelte weiter.

Der und vierundzwanzig Nachkommen? Ein Rätsel. Pech, daß Konrad Lorenz sich auf eine Graugans geworfen hatte und nicht auf den Mops. Dann wüßten wir mehr.

Wir flogen in unserem Jeep dahin, über die gewundenen Straßen, vorbei an Weingütern, die alle Chianti classico produzierten, durch Dörfer mit ihren lärmenden Menschen. Ab und zu machten wir halt und tranken einen Kaffee. Der Jeep war altersschwach und verhielt sich ähnlich wie Mops Leonidas. Der Unterschied war, daß wir in den Jeep viel Öl einfüllten.

Am Nachmittag erreichten wir die Produktionsstätte von »Happy Dog«. Der Gutshof, auf einem Bergkegel gelegen, war von Zwingern umsäumt, in denen kräftigste, zweifellos mit »Happy Dog« ernährte Hunde unterschiedlicher Rassen sich bewegten. Sie begrüßten uns teils mit Gebell, teils mit Geheul. Wir nahmen Papiersäcke mit dem Hundefutter an Bord, soviel der alte Mops von Jeep nur tragen mochte.

Boris meinte, es wäre schade, direkt heimzufahren, wo wir schon mal unterwegs seien. Ein unbedeutender Umweg würde uns an den Fuß des Passo de la Futa bringen. Ein interessanter Ort, es gebe dort einen deutschen Heldenfriedhof (damals sagte man noch Heldenfriedhof). Er erinnere sich, daß eine Cousine von ihm mit dem Leiter dieser Stätte verheiratet sei. Wir würden, versicherte Boris, willkommen sein.

Der Jeep schnaufte, aus dem Kühler stiegen bei Steigungen Dampfwölkchen auf. Unbesorgt chauffierte dennoch Boris in seinem Waschleder-Anzug. Es sah sehr eindrucksvoll aus, als hinter weißblonden Grasflächen und grünen Zypressen eine tiefdunkelblaue Gewitterwolke aufstieg. Leider rückte sie schnell auf uns zu. Weit und breit kein Dorf, kein Anwesen. Schließlich der erste Donnerschlag. Zugleich fielen die ersten, schweren Tropfen.

Wir hielten am Straßenrand und zerrten das Verdeck über uns. Jedoch klafften Löcher darin, einige von erheblichem Durchmesser. »Die Säcke werden durchweichen«, schrie Boris gegen das Tosen des Unwetters. »Wir müssen uns aufs ›Happy Dog‹ legen.«

So geschah es. Wir lagen auf den Papiersäcken, Gesichter nach unten, und das Wasser lief uns über die Rücken. Am Ende hagelte es, aber das machte uns nicht mehr viel aus, die meisten Schloßen wurden von den Resten des Verdecks abgefangen. Endlich zog das Wetter ab, die Sonne kam zurück und stach vom nun wieder hellblauen

Himmel. Dampf stieg vom Dach des Jeeps und von unseren Rücken auf. Waschleder heißt nicht unbedingt, daß dieses Material Regen und Hagel verträgt. Hintenherum sah Boris ramponiert aus.

Dampf stieg leider auch von einem der Papiersäcke mit dem kostbaren Vitamin-Hundefutter auf, unsere Körper hatten nicht ausgereicht, die ganze Ladung zu schützen. »Saublöd«, knurrte Boris. »Den Sack bekommen wir nicht durch. Was meinst du? Wir könnten ihn verschenken.«

»An wen?«

»Laß mich nachdenken«, sagte Boris. Er zog die geschrumpelte Rückenpartie seines Wamses glatt, während er den Rücken der Sonne zukehrte. Die Erleuchtung erfolgte rasch: »Prinz Peter«, sagte Boris. »Prinz Peter hat einen Hund. Er wird glücklich sein, wenn wir ihm ›Happy Dog‹ bringen. Zudem ist das fast kein Umweg für uns.«

Prinz Peter wohnte auf einem Gut, das ehemals den Medicis ... Eine Reihe kleiner Kavaliershäuser, altersgrau und mehr einer Herde von Tieren gleichend, zog sich am Ende des Besitzes neben der Sandstraße hin. An einem Haus erinnerte eine marmorne Gedenktafel, daß dort bereits Leonardo da Vinci gelebt habe.

Prinz Peter, aus irgendeinem Land im Osten stammend, begrüßte uns fröhlich. Wir entluden das Hundefutter. Prinz Peters Hund war – ein Dackel. Der Sack mit durchfeuchtetem ›Happy Dog‹ würde etwa ein Jahr reichen.

Gäste aus jenen östlichen Gefilden wußten von Prinz Peters Vorliebe für ausgefallene Wodkasorten. Er besaß viele Flaschen, sie standen in Reihen auf einem Regal, wie bei anderen Leuten Bücher.

Wir kosteten einige der ausgefallensten Wodkasorten. Dann warfen wir uns wieder in den Jeep und fuhren dem Futa-Paß entgegen.

Es wurde bereits Abend, als wir ankamen. Das Haus, in dem Cousine und Friedhofskommandant lebten, wurde überragt von einem mächtigen, in den Fels gehauenen Relief. Barhäuptige Krieger, akkurat aus dem Stein gemeißelt, trugen eine Fahne bergan, einem Ziel entgegen, das nicht sichtbar war. Die Gesichter der Krieger zeigten Anstrengung. Es war unklar, ob sie den Heldentod sterben oder vorher an einem Herzschlag zugrundegehen würden.

Die Cousine, eine runde, freundliche Frau mit in der Mitte gescheiteltem Haar, umarmte uns und bestaunte die Jeepladung. Ihr Mann, Hauptmann a.D. und Friedhofskommandant, sei noch beschäftigt, sagte sie. Doch möchten wir sie begleiten, ein paar Schritte bergab, im alten Zollhaus des Passo de la Futa, gebe ein dort hausender Künstler ein Fest.

Das Zollhaus war innen, wie ein Zelt, mit Jacquard-Seide ausgeschlagen. Im Zentrum standen, zu einem Kreis um einen runden Tisch zusammengerückt, düstere Beichtstühle. In einem saß der Gastgeber, ein jüngerer Mensch im Jesus-Look, lange Haare, schwärzlicher Bart, weite Ärmel eines Kaftans. Wir plazierten uns in die anderen Beichtstühle und tranken Wein aus langstieligen, metallenen Abendmahlkelchen. Wegen der hervorragenden Seitenwände der Beichtstühle konnte man sich schwer mit seinem Nachbarn unterhalten.

Die Angelegenheit wäre fürchterlich geblieben, hätte nicht die Mutter des Künstlers den Raum mit Heiterkeit und Wärme erfüllt. Sie trug ein Kattunkleid, dessen Knöpfe an langgezogenen Fäden hingen, eilte hin und her, tischte Salat und Spaghetti auf.

Der Hauptmann und Friedhofskommandant trat ein, hager und durch und durch militärisch. »Heute wieder Umbettungen«, meldete er. »Sechs Stück. Die Angehörigen wollen ihre Lieben in der Heimat haben. Viel ist nicht übrig. Wir verschicken sie in Pappkartons, innen geteert. Keine Beanstandungen.«

Er faltete sich in einen freien Beichtstuhl: »Beanstandungen nur bei uns. Italiener unordentliches Volk. Bei allen Gerippen fehlten die Köppe.«

Den Hauptmann begleitend, war ein junges Paar eingetreten, augenscheinlich Künstler, jedenfalls der Mann. Sie gehörte zu jener Sorte Blondinen, die an Küste und Hanseatengeist denken lassen, sprach wenig und himmelte den Mann mit Blicken an.

Es konnte nicht ausbleiben, daß wir auf das Riesenrelief zu sprechen kamen. Boris hielt mit Spott nicht zurück, fand das Thema verfehlt, Bescheideneres, meinte er, wäre angebracht gewesen, – »was soll uns dieses Vorwärtsstürmen? Der Fahne nach? Die Fahne ist mehr als der Tod? Die Epoche sollte zu Ende sein, bitte. Schlimm, wenn ein Künstler heutzutage so etwas darstellt.«

Der Mann mit der Blondine sah Boris an; dann sagte er mit fester Stimme: »Ich bin der Bildhauer, der das Relief geschaffen hat. Ich habe es zehn Jahre nicht gesehen und bin heute hierhergekommen, um es mir noch einmal anzusehen.«

Das war eine peinliche Situation. Der Hauptmann lachte wie ein Maschinengewehr mit Ladehemmung, die

Mamma im Kattunkleid rang die Hände, des Jesusmenschen Augen blitzen. Boris' Cousine sagte: »Das tut mir leid.« Was ihr leid tat, blieb offen, Boris' Faux pas oder des Künstlers Geschmacklosigkeit in Relieffragen.

Irgendwie überspielte Boris die Situation. »*Nobody is perfect*«, hörte ich ihn sagen, er stieß mit dem Reliefkünstler an, auch mit der Hanseatin, sie konnten nicht beleidigt sein im Angesicht von soviel Charme. Verbrüderung im Zollhaus.

Draußen schien der Mond, wir mußten unsere »Happy-Dog«-Säcke nach Hause kutschieren. Eine wunderbare Fahrt, wie man sich denken kann, nur unsere feuchten Rücken überzog eine leichte Gänsehaut.

Stunden später rollten wir in den Hof von Boris' Besitz. Den Jeep mitsamt seiner empfindlichen Ladung schoben wir unters Scheunendach.

Am Morgen saßen wir wieder auf der Terrasse, ins Gespräch über das Manuskript vertieft. Rasselnd schnellte ein Rolladen in die Höhe. Im Fensterrahmen erschien das Gesicht der Baronessa. »Boris, *non ché aqua*«, schrie die Lebensgefährtin.

Boris schüttelte den Kopf, und in seinen Bartstoppeln funkelte die Vormittagssonne. »Wissen wir«, brummte er. Doch stand er auf und kehrte wiederum in Waschleder gehüllt zurück. »Begleite mich«, schlug er vor. »Die Signora ist erst beruhigt, wenn wir das Leck in der Wasserleitung gefunden haben.«

Wir nahmen die Hündinnen und Leonidas mit und schritten über trockene Grasflächen in Richtung Hauptgut. Nach einer Weile schimmerte im frischen Grün ein ausgebreitetes Feld von Papyrusstauden. Nun weiß man, daß Papyrus nur bei viel Feuchtigkeit gedeiht. »Boris«, rief ich, »hier muß das Leck sein. Laß uns zum Gut gehen. Der Graf muß das reparieren lassen.«

Boris grinste. »Zwar ist es die Angelegenheit des Grafen, deine Vermutung ist exakt; doch habe ich einmal bei einer Einladung dort zu Freunden gesagt, daß ich den Mann für ein unbelehrbares faschistisches Arschloch halte.« Boris sah mich an, während er mit einem Fuß zwischen den Papyrusstauden stocherte. »Natürlich habe ich es auf Deutsch gesagt, damit niemand von den Italienern mich versteht. Leider erfuhr ich später, daß der Graf perfekt deutsch spricht.«

Wir gingen zurück.

Im Zwinger schlangen vierundzwanzig kleine Möpse »Happy Dog«- Vitaminfutter herunter.

Wien bleibt Wien

Selbstverständlich könnte ich längere Erklärungen abgeben, aus welchem Grund wir Wien als Wohnsitz wählten, doch würden diese Erklärungen nichts zur Erhellung der Situation beitragen. Deshalb möge die Angabe genügen, daß wir eine Wohnung im siebten Bezirk gefunden hatten, Siebensterngasse. Alles mit sieben. Michaela und ich hatten uns gestritten, ob sieben eine Glücks- oder eine Pechzahl sei – angesichts des doppelten Vorkommens begreiflich. Wir beschlossen, es als Glückszahl zu nehmen.

Die murkeligen Namensschilder unten an der Eingangstür ließen keine Vermutungen über unsere Mit-Mieter zu, niemand erschien, niemand beugte sich aus dem Fenster, als unser Möbelwagen vorfuhr. In Berührung gerieten wir in jener ersten Stunde lediglich mit dem Klub der Rothaarigen.

Es handelte sich um die Portiersfamilie, vier Personen, Vater, Mutter, Sohn und Tochter, die Parterre in Küche, Stube und zwei Kammern lebte. Alle hatten brandrote Haare, die Mutter mittelgescheitelt, Vater zu Berge stehend, der Sohn, vierzehn, zu einem Hippieschwänzchen gebunden, die Tochter, vielleicht sechzehn, als wild um ihren Kopf wehenden Vorhang. Dazu eine Haut blaß wie Engerlinge. Massiges quoll aus Hosenbünden und Schürzenärmeln; sie aßen, erfuhren wir später, gerne Schweinernes.

Kein Zweifel, nach fünf Minuten Händeschütteln wußten wir, daß wir erbarmungslose Freunde gewonnen hatten, deren Lebenssituation ab sofort durch Trinkgelder verbessert werden mußte. Gegenüber gab es ein Beisl, wir luden den Klub der Rothaarigen ein. Taten weise daran, denn der Wirt, ein unwirtlich hagerer, aber sehr höflicher Mensch, engagierte Michaela als Schiedsrichterin fürs Stoßspiel am folgenden Tag. Er hielt Michaela für die spanische Botschafterin, oder jedenfalls tat er so. »Frau Botschafterin werden uns die Ehre geben? Olé.« Und ähnlichen Schmarr'n. Wir hatten rasch vier Viertel intus und fanden alles normal. Als Preise beim Kartenspiel sollte es Schweinehälften geben, ich stellte mir vor, wie Michaela diese kalten Schweinehälften den Gewinnern überreichte - wahrscheinlich den Rothaarigen.

Tochter und Sohn nieselpriemten vor sich hin. Wortkarge Jugend. Aber der Olle quasselte. Betonte, daß sie, die Portiersfamilie, stets für uns da sein würde. Ein junger Mann mit Elvistolle, dem vorne ein Zahn fehlte, setzte sich zu uns. »Servus, Arschlöcher«, begrüßte er die Portiers. Die nahmen es heiter. Ich dachte mir, daß er mit der Tochter was hatte, die lebte auf, ließ ihn aus ihrem Glas trinken. Was er trotz der Zahnlücke manierlich tat. Er verdankte sie, erfuhren wir, einem Motorradunfall.

Eitel Harmonie, bis der immer mehr erstarrende Portierssohn auf die Begrüßung durch den Zahnluckerten zurückkam, reichlich spät, wie mir schien. »Hast Arschloch g'sogt?« fragte er. Elvis grinste lückenhaft. »Seid's des net?« fragte er.

Der Portierssohn stand auf, aber bevor er hinter dem Tisch hervorgekrochen war, hatte ihn ein linker Haken von Elvis touchiert. Der Sohn faltete sich zusammen wie ein Schachtelteufel. Michaela rückte vom Tisch ab, weil der Verteidiger der Familienehre da unten ziemlich viel Platz wegnahm. Der Vater half seinem Sohn, sich aufzurappeln und rief über die Schulter: »Auseinander nehm' wir dich, Gfraas.« - »Bitte«, sagte Michaela, »es war doch so harmonisch.« Und der Wirt meinte, man solle auf die spanische Botschafterin hören und Frieden geben. Die Portiers erhoben sich, Vater und Tochter nahmen den Sohn in ihre Mitte, der war noch ein bißchen blasser als Rothaarige ohnehin sind. Die Tochter warf Blicke auf den Übeltäter, der sich die Hand am Hosenbein polierte, aber so richtig böse waren die Blicke nicht.

Die Portiers wankten durch die Tür, die sich schloß und gleich wieder öffnete, um einen Herrn in Ulster und Pelzmütze einzulassen. Der Herr bestellte ein Bier, blieb vorne an der Bar stehen. Der Herr war duhn. Der Wirt sagte dem Herrn, daß er duhn sei und daß er deshalb kein Bier nicht kriege. Das nahm der Herr übel und rief: »Unverschämtheit. Die Polizei muß her!«

Damit erwies er sich als Outsider, denn in Wien ruft man nach den Kieberern, nicht nach der Polizei. Der Wirt ging um den Tresen herum, packte den Mann an den Revers und stieß ihn zur Tür hinaus. Draußen stürzte der Mann und blieb ein paar Sekunden liegen, aber das kümmerte niemanden. Elvis lachte laut, ein paar andere stimmten ein. Der Wirt gab eine Lokalrunde aus. Er stieß mit Michaela an.

Auch Lückenzahn stieß mit Michaela an, vorsichtshalber auch mit mir, aber nur flüchtig. Michaela ist eine gutaussehende Frau. Der Schwengel lud sie zu Bananenlikör ein. Ich hatte Michaela niemals vorher Bananenlikör trinken sehen.

Bevor wir die Wohnung nahmen, wurde uns versichert, der siebte Bezirk sei eine gute Adresse. In Wien ist die gute Adresse wichtig. Wer zum Beispiel in Ottakring wohnt, ist unten durch. Jedenfalls in der Gesellschaft. Wir hätten beinahe eine Wohnung im Cottageviertel genommen, sehr schick, die Wiener sprechen es Kottähschviertel aus. Die Wohnungsvermieterin hatte Michaela bereits einen Einbauschrank mit besonders hoch angebrachter Kleiderstange gezeigt – für die Abendkleider.

Hatte man uns verschaukelt? Wir waren zwei Stunden hier, und bereits zwei Leichen. Jedenfalls Fast-Leichen.

An den Rothaarigen, stellte sich in der Folge heraus, kam keiner vorbei. Stets stand die Tür zur Wohnung offen. Die Tochter aalte sich auf dem Kanapee, das in der Wohnküche stand, sie trug eine Art Minirock, eher eine Zigarren-Bauchbinde, aus einem Stoff, der an Fischiges erinnerte. Den Rock trug sie tagein, tagaus, einen anderen besaß sie anscheinend nicht. Ihre Strumpfhose spannte zwischen den Beinen, der Schritt saß zu tief. Wahrscheinlich fand sie für ihre langen Stelzen nichts Passendes. Niemand untersagte ihr die Einblicke gestattende Haltung. Von ihrem Gesicht war meistens, wegen der Mähne, nichts zu sehen.

Die Eltern schrien »Habedieehre« und ermahnten ihren Sohn, die Haustür aufzuhalten. Widerwillig kam der Pummel solcher Aufforderung nach. Trinkgeld – er streckte seine Flosse aus und schielte von unten. Der Kinnhaken hatte seine Spur an der Unterlippe hinterlassen.

Manchmal mußte ich auf dem Küchenstuhl Platz nehmen, die Frau wischte vorher mit der Schürze darüber. Ein Gläschen wurde eingeschenkt. »Kommen's von weit her?« fragte der Vater. Eine von tausend Fragen, die er an mich strudelte, im Lauf der nächsten Wochen. Er wollte sich, sagte er, »ein Bild machen von den neuen Mietern.«

Gewöhnlich landeten wir in dem Beisl gegenüber, irgendwann holte mich Michaela dort ab. Die Portierstochter blieb zu Hause, sofort verschwand Elvis. Einmal, Eltern und Sohn entronnen, sah ich ihn, bei offener Tür, mit dem Mädchen auf dem Kanapee turnen. Er hatte ihr die Bluse hochgeschoben, und von der blassen Haut war eine Menge zu sehen. Ich hätte mich nicht gewundert, wenn ein blauer Veterinärstempel auf ihrem Rücken geprangt hätte, von der Trichinen-Beschau.

Ja, so gemein wird man in Wien. Ich war, nach kurzer Zeit, auf das Niveau des Klubs der Rothaarigen herabgestiegen. Ich gestehe, daß solche libidinösen Eindrücke mich nicht kalt ließen. Dazu roch das Mädchen, man nahm es wahr, wenn sie an einem vorbeistreifte, nach Bittermandel. Es soll dies der typische Geruch der Rothaarigen sein. Die Eltern und der Lümmel rochen allerdings nach Schweiß.

Einmal kam ich auf der Gasse dazu, wie Sohn und Tochter einen Invaliden jagten. Der Invalide saß in einem Rollstuhl, um die Beine eine Decke aus ähnlichem Material wie der Rock, den die Tochter trug. Er stieß sein Wägelchen vorwärts, mit beiden Händen an den Radreifen, die Verfolger johlten hinter ihm her und bedrängten ihn.

»Was soll das?« fragte ich. »Laßt ihn aus.« Sie behaupteten, er schulde ihnen Geld. Ich trug eine Blattpflanze. Ziemlich groß. Michaela hatte sie sich gewünscht, als Raumschmuck. Ich setzte die Pflanze bei der Tür nieder, entschlossen, einzugreifen. Doch rasten sie bereits in einiger Entfernung die Gasse entlang, der Invalide vorneweg, die beiden hinterher.

Als Dritter ich. Doch der Abstand war zu groß. Ich sah, wie der Invalide in ein Durchhaus einbog, das Adlerhaus hieß es. Eine Reihe von Höfen. Doch Stufen zwischen diesen Höfen. Bei der Toreinfahrt angekommen, sah ich sie durch die zweite Einfahrt verschwinden, der Invalide holperte mit seinem Wägelchen die Treppen hinunter, er flog förmlich durch die Luft, wurde schneller und schneller. Ich folgte, rief um Hilfe, aber niemand scherte sich. Der Wagen schlenkerte, rollte im Zickzack. Dann raste er in eine Reihe von Mülltonnen. Ein schrecklicher Krach. Der Invalide stürzte um. An ihm vorbei rasten die Verfolger, sie verschwanden im nächsten Hof. Aus der Durchfahrt schallte ihr Lachen.

Fenster öffneten sich, Leute schimpften, während ich den Invaliden aufhob. Er schien unverletzt. Ich setzte ihn in sein Wägelchen. Gegenstände flogen aus den Fenstern auf uns herab, eine Frau ergoß ihr Nachtgeschirr über uns. Aus einer Tür stürzte ein Mann mit einem Besen. Ich sah ihn aus den Augenwinkeln auf uns zukommen, schob den Invaliden mitsamt seinem Karren in die nächste Durchfahrt, balancierte mit ihm die Stufen hinunter.

Auf der Burggasse kamen wir ins Freie. »Danke«, sagte der Invalide. »Mach dir keine Gedanken. Die sind gemein.«

Am nächsten Tag fuhr er wieder auf der Siebensterngasse. Neben dem Wägelchen trabte ein Schäferhund. Die Rothaarigen trauten sich nicht mehr an ihn heran.

In meiner piefkeschen Art wollte ich mit den Eltern reden. Aber der Vater drückte mich auf den Küchenstuhl, und schon stand der Doppelliter auf dem Tisch. »Jugend kennt keine Tugend, gelt?« Und ähnliche Sprüche. Die Frau riß ihre Äugelchen auf, die in Fettwülste eingebettet waren, und meinte: »Wo er ihnen Geld schuldet.«

Kurzum, sie gaben mir zu verstehen, daß mich die Sache einen Dunst anginge. Der Lümmel mied mich ein paar Tage lang. Dann, als er mich mit Paketen kommen sah, bot er mir an, die Pakete hinaufzutragen. Als sei nichts geschehen. Oben hielt er die Trinkgeld-Patsche auf. Direkt treuherzig. Michaela meinte, so seien sie nun einmal, ich solle mir nichts draus machen. Leicht reden hatte sie, mit ihrer österreichischen Großmutter. Dieses Stück Erbmasse in ihr fand alles völlig normal.

Allmählich lernten wir die anderen Hausbewohner kennen. Sprachen mit ihnen über die Portiers. »Die ... da kann man nichts machen«, meinte Frau Karafiat, einen Stock über uns. Sie war von den Rothaarigen abhängig, weil sie manchmal ein paar Kötelchen auf der Treppe verlor, die von den Portiers weggemacht wurden. Der Zahnarzt auf der gleichen Etage meinte, er habe der Frau aus Rache einen Zahn ohne Betäubung gezogen, aber sie habe gelacht. »Kein Schmerzempfinden«, meinte der Zahnarzt. »Hat man so was je erlebt?«

Im Mezzanin gab es einen Massagesalon, nichts Anrüchiges, wie die Besitzerin mir versicherte. Doch Portiers bezogen hier hohe Trinkgelder. Warum wohl? Manchmal ging die Tochter dorthin, zu Besuch, wie sie sagte. Nach solchen Besuchen blitzte manchmal eine Rolle Scheinchen aus ihrem Büstenhalter.

Ich neige nicht zum Schwarzsehen. Aber in diesem Fall muß ich sagen: Es kam, wie es kommen mußte. Immer tiefer wurden wir ins Leben dieser Familie hineingesogen. Wenn ich mit Michaela darüber sprechen wollte, lachte sie. »Ist doch amüsant«, sagte sie. »Geh, was willst?« Sie sprach perfekt wienerisch, nach wenigen Wochen.

Die Rothaarigen klebten an uns. Wir mußten an den Sonntagen hinaus nach Floridsdorf, sie besaßen dort eine Laube. Doppelliter. Brote mit Bratenfett. Geselchtes. Zwischendurch, was sie »Schinacklfahr'n« nannten. Sie hatten einen Kahn an der Alten Donau liegen. Der Mann ruderte uns. Schwitzte mächtig. Doch meinte, es sei ihm eine Ehre. Außerdem: Nur er wisse richtig umzugehen mit dem Kahn.

Eines Tages, ich weiß noch genau, es war ein Freitag, wand er sich auf dem halbdunklen Treppenabsatz vor unserer Wohnungstür: Ob wir ihm nicht unser Auto borgen könnten, nur für den Nachmittag und abends. Ein wichtiger Transport sei durchzuführen.

Ich wollte nicht, aber über meine Schulter sagte Michaela: »Aber natürlich. Selbstverständlich. Kommen Sie doch herein.« Wir tranken ein Gläschen, und unser Portier zog ab mit den Autoschlüsseln. Am Abend brachte er die Schlüssel wieder: »Alles erledigt. Perfekt. Danke ergebenst.« Seine Haut leuchtete rötlich. Er verabschiedete sich schnell.

Zwei Tage später, am Sonntagvormittag, läutet es

Sturm. Vor der Tür zwei Kieberer. Ob sie hereinkommen dürften? Selbstverständlich. Michaela noch im Morgenrock, ich Rasierschaum auf einer Wange. Das Kraftfahrzeug mit dem Kennzeichen soundso, ob das unser Fahrzeug sei? wollten die Kieberer wissen. Wir bestätigten es. Drauf der eine, er hatte mehr Schnörkel auf der Schulterklappe als sein Kollege: Wo wir am Freitagnachmittag gewesen wären, zwischen sechzehn und einundzwanzig Uhr?

»Also auch Freitagabend?« wollte ich wissen. »Genau«, knurrte der Inspektor. Wir versicherten ihm, fast wie aus einem Munde, daß wir zu Hause gewesen seien. Was die Frage solle?

»Ihr Auto«, sagte der Inspektor, »wurde bei einem Bankeinbruch benutzt.«

Um es kurz zu machen: Wir wurden nicht in Handschellen abgeführt. Aber die beiden Uniformierten legten uns nahe, am nächsten Morgen auf dem Revier zu erscheinen. Dummerweise hatte ich gesagt, ein Wagenschlüssel läge an meiner Arbeitsstätte, Kollegen benutzten das Auto, ich wüßte nicht immer, wer.

Hemmungen hatte ich, die Rothaarigen anzugeben! Michaela sah mich die ganze Zeit an, mit düsteren Augen.

Am Arbeitsplatz konnten sie am Sonntag nicht nachfragen. Wir hatten sechsunddreißig Stunden Zeit, uns zu überlegen, wie wir uns aus der Affäre ziehen könnten. Hatten die Rothaarigen unser Auto für einen Bruch benutzt? »Die nicht«, behauptete Michaela. »Mit Menschen kenne ich mich aus. Betrügereien – ja. Aber kein Bankeinbruch.«

»Vielleicht der Bengel? Zusammen mit deinem Freund, dem Zahnluckerten?«

Michaela sagte, ich spinne, und überhaupt sei meine Eifersucht nervend. Ob ich etwa meine, daß sie mit dem Elvis-Typ was habe? Daß sie ihn im geringsten ermutige?«

Rasch versicherte ich, das nicht, aber der Siedepunkt war erreicht, wir stritten uns den ganzen Sonntag lang. Themen: Seitensprünge, Menschenkenntnis, Klub der Rothaarigen. Dann, ob wir den Portiers nicht Bescheid sagen müßten, daß die Kieberer ... Hatten sie die Kieberer ins Haus kommen sehen? Vielleicht nicht, zu so früher Stunde am Sonntag röchelte die Familie gewöhnlich noch in ihren Betten.

Michaela konnte nicht schlafen, ich auch nicht. Wir zogen uns, es war längst nach Mitternacht, wieder an und gingen in den *Strohkoffer*, eine Kneipe, die gerade en vogue war. Wir kamen zurück, wie beim Hinausgehen entdeckten wir keinen Lichtschein bei den Portiers. »Sie sind an der Alten Donau«, meinte Michaela.

Wir setzten uns in die Küche und tranken Kaffee. Am Morgen machten wir uns, ziemlich verkatert, zum Polizeirevier auf. Wiederum kein Laut aus der Portierswohnung. »Sie kommen immer erst gegen zehn zurück«, meinte Michaela. Wir wurden verhört, von einem anderen Inspektor als jenem, der mit seinem Begleiter bei uns in der Wohnung gewesen war.

Ob wir bei der Aussage blieben, daß Kollegen unseren Wagen benutzten? Wir nickten. Der Inspektor grinste. »Die G'schicht' hat sich aufgeklärt«, sagte er. »Sie hätten gleich damit rausrücken können, daß Sie Ihr Auto an die

Portiers in Ihrem Haus verliehen haben. Wir haben die Bande gefaßt. Vater, Sohn und Tochter. Schöne Früchtchen.«

Er schoß Blicke auf uns ab: »Daß Sie damit nicht herausgerückt sind, ist Behinderung einer Amtshandlung. Das wird Sie teuer zu stehen kommen. Sie hören von uns.«

Wir durften gehen. Als wir ins Haus traten, stand die Tür zur Wohnung des Klubs der Rothaarigen offen. Auf dem Küchenstuhl saß die Frau und schluchzte in die Schürze. Aus rotgeweinten Augen blickte sie uns an. »Sie . . .«, sagte sie. »Wer hätte das von Ihnen gedacht?«

Wassergrundstück

Seit Ernie in den Ruhestand getreten ist, brütet er eine Macke nach der anderen aus. Nun noch das Wassergrundstück! Nicht wie andere Berliner, die sich mit einem schmalen Handtuch bescheiden, Bootssteg, kleine Laube - nein. Ernie muß eine Wiese haben und ein Fenn, in dem angeblich Marder hausen oder Füchse. Er liegt auf dem Bauch, den Feldstecher vor der Nase, und beobachtet.

Die Laube hat natürlich auch 'nen Avec, mit Schweizerbalkönchen vor dem Giebel und zwei roten Schornsteinen Marke Märchenbilderbuch. Da haust er mit seiner Schwester Meta. Nach fünfundvierzig ist Meta aus dem Osten rübergemacht. Bauerntochter aus einem Kaff bei Prenzlau, ich war da mal. Hügel mit Zuckerrüben. Der Vater soll Ortsbauernführer gewesen sein, unter den Nazis. Sie haben ihm den Kopf nicht abgerissen. Aber: LPG.

Meta stank das. Sie ging durchs Lager Marienfelde, Flüchtlingsausweis und alle Papiere vorhanden. Frührentnerin wegen irgend eines Schadens, aber man sieht ihr den nicht an. Meta sitzt vor der Laube; während Ernie auf dem Bauch liegt in seiner nassen Wiese, guckt sie aufs Wasser und strickt. Manchmal fährt »Moby Dick« vorbei oder ein anderes Motorschiff, dann winkt sie. »Sieh mal, der Dampfer«, sagt sie. Immer noch Dampfer. In welcher Zeit lebt die Frau?

Manchmal besuche ich die beiden, mit meinem Freund

Paul. Der ist ebenfalls so'n Übriggebliebener, aber noch senkrecht. Jahrelang lief er in einem grünlich-bräunlich schillernden Paletot umher, daß de dachtest, die Blockade bricht wieder aus. Neuerdings jedoch: Schnieke in Schale. Hat mich überredet, daß wir Rennrad fahren, Zehngangschaltung. Wir haben flotte Dressen, klar.

Andererseits kommt häufig Xylander vorbei. Das ist der andere Bruder. Eigentlich heißt er Oskar, aber er arbeitet als Magier, und da, sagt er, ist es besser, wenn man Xylander heißt.

Er muß es wissen. Im Schlepp hat er eine auf jung angestrichene Braut, sie soll Kaukasierin sein. Feuriges Auge. Früher hat sie als zersägte Jungfrau bei ihm gearbeitet. Aber jetzt, sagt Xylander, wollen ihre ollen Knochen nicht mehr. Die Nummer war, daß die Jungfrau sich zusammenfaltete, in einem würfelförmigen Kasten, und Xylander hat von allen Seiten scharfe Bleche in Schlitze gesteckt. Natürlich kam sie heil raus, ich hab's gesehen, bei einem Feuerwehrfest. Sie trug nur Höschen und Quasten an den Brustnippeln. Gnade. Heute würden die Quasten etwas tiefer hängen.

Amaryllis ruft er ihr. Ist bestimmt nicht ihr richtiger Name, wie Xylander nicht sein richtiger Name ist. Amaryllis vorne, Amaryllis hinten. Man könnte meinen, das ist die echte, wahre Liebe. Doch neulich meinte er: »Ick brauch 'ne frische Jungfrau. Eine, die ihre Gräten anständig verbiejen kann. Wenn ick die finde, geh ick noch mal auf Tournee. Ganz groß. Wirst sehen, Xylander tritt im Fernsehen auf.«

»Gönne ich dir«, sagte ich großmütig. »Jedoch Amaryllis?«

»Assistentin. Für die anderen Nummern. Weißes Kaninchen aus dem Zylinder, die klassischen Tricks. Das Publikum will das. Sie sieht noch gut aus, oder?«

»Klasse«, sagte ich. »Als wär se einjeweckt jewesen.«

Das fand er nicht komisch, der Zauberer, und zog 'ne Flappe. Ging aber darüber hinweg. Thema durch.

Ernie war am glücklichsten, wenn er seinen Bauch nicht einziehen mußte, obwohl mein Freund Paule, drahtig im Radfahrerdress, ihm das vormachte. Ernie trank sein Bier aus der Pulle und seufzte über den See. Bis er wieder auf die Wiese robbte. Xylander spielte den tollen Hecht, hetzte Amaryllis zu seinem Opel, der weitab auf dem Sandweg parkte, sie schleppte Weinflaschen an und Spickaal von Rollenhagen, damals erstes Feinkostgeschäft auf dem Kudamm.

Existiert heute nicht mehr. Wundern tat mich, wo Xylander die Kohle her hatte. Das Zaubern muß ihm 'ne Menge eingebracht haben, in den guten Jahren. Übrigens war er schuld an Ernies Wassergrundstück-Spinnerei. Xylander besaß damals, oben bei Tegel, das übliche Grundstückhandtuch. Jolle am Steg, perfekt.

Dies hier war schöner, ich geb's zu. Paule warf seine Angel aus und faselte über die Schulter was über Köder. Ich glaube, er verstand 'ne Menge davon, jedenfalls fing Paule Fische, wo andere nichts fingen. Schächtelchen und Schachteln schleppte er an, darin knetbare Massen, Spezialköder, mit Anis, mit was weiß ich. Die Pampe knetete er um den Haken. Mit Ernie ging er Würmer ausgraben, die wimmelten in einer Biomalzbüchse - eine Antiquität. Ein Trödler hätte ihm zwanzig Mark für die Büchse gegeben. Glatt. Aber sie war sein Talisman.

Amaryllis faltete sich auf dem Steg zusammen, nicht ganz so klein, daß sie in den Kasten gepaßt hätte, aber bewundernswert gelenkig. Sie trug einteilige Badeanzüge. Nach neuester Mode, wie Meta erklärte, an den Seiten waren die Badeanzüge hoch ausgeschnitten, die Hüftknochen spitzten heraus. Meta meinte, für sie sei das nichts. Hatte recht, verflixtnochmal. Pölsterchen überall, und so blaue Adern; das macht das Alter, sagte Meta. Sie trug 'ne Art Kittelschürzen, aber irgendwie elegant, mit Chrysanthemen bedruckt oder Sonnenblumen. Blüten, immer handgroße Flatschen. Meta leuchtete von weitem. Ich glaube, die Dampfer nahmen Meta als Seezeichen. Vorne standen Metas Knöpfe offen, mal blitzte ein bißchen Bauchspeck auf, mal fiel unser Blick ins Tal der Brüste.

Paule mochte das. Machte Meta Komplimente: »Sie sehen aber heute prächtig aus. Wie 'n Zuckerhut.«

»Ach, sie Ferkel!« sagte Meta. Sie errötete, das dauerte nur ein paar Sekunden, dann hingen ihre Bäckchen wieder bleich links und rechts vom Kirschenmündchen. Braun wurde sie nicht, Ernies Schwester. Sie und Amaryllis unterhielten sich über Paules Kopf hinweg, über Leberwurst und Eingemachtes, und wo es die Staubsaugertüten gab, und über eingewachsene Zehennägel. Auf Xylanders winzigem Grundstück hätte die halbe Kolonie mitgehört. Aber hier war ja Platz.

Manchmal fragten sie mich, was ich von Hans Albers hielte, oder Brigitte Mira, großes Comeback. Albers liebte ich, war ja nun tot, der blonde Hans. Hatte ebenfalls ein Wassergrundstück besessen. Über die Mira hatte ich keine Meinung, lobte sie aber über den grünen Klee. Ich las gerade *Kokain* von Pittigrilli, in der alten Ausgabe, wollte nicht mit denen schnattern. War froh, als Xylander sagte, er habe mit der Mira in einem Film mitgewirkt. Dann kam eine lange Geschichte.

Paule zog einen Hecht an Land, bejubelt. Den verzehrten wir zu Mittag, Spickaal wollte keiner. Meta warf den Aal in die Tiefkühltruhe.

Ja, sie besaßen sogar eine Tiefkühltruhe. Ernie konnte zufrieden sein. Er war's auch, das sah man ihm an. Im Grunde aber verbreiteten sie ziemliche Langeweile, dort an der Havel. Manchmal war ich froh, wenn es Abend wurde, ich mit Paule wieder die Pedale trat. Kühles Lüftchen an der Havelchaussee, letztes Licht auf den Stämmen der Kiefern, die rotglühend aussahen. Wir fuhren so spät, daß wir sicher sein konnten: Die Autos mit den Badenden waren bereits in die Stadt zurückgefahren. Paule pfiff sich eins. Wir waren glücklich.

Wir dachten, so war das eben und würde ewig so weitergehen. Wir bei Ernie, Liegestuhl, Bootssteg, Ernie mit Fernglas robbend. Doch plötzlich: Die totale Kippe. Was war geschehen?

Eines Tages kommen Paule und ich angeflitzt auf unseren Velozipeden, schwitzend, die trockne Zunge wie ein Klotz im Mund. Wir hören von weitem, wie sie durcheinanderschnattern, Ernie, Meta, Xylander, sogar Amaryllis – sie legte eine Art Flötenton drüber.

Wir schoben unsere Räder auf dem Gartenweg. Ernie gestikulierte: »Vorsicht, Vorsicht«, rief er. »Ihr verscheucht sie!«

»Wen verscheuchen wir? Haste 'n Bier?«

»Sogleich«, rief Ernie. »Guckt erst mal. Sind sie nicht süß?«

Am Wasser standen ein paar Weiden, dazwischen Stubben von Bäumen, die mal gekappt waren. Die Wurzeln bildeten Höhlungen. Was sehe ich? Auf einer Wurzel, die aus dem Wasser ragte, sitzen Viecher. Drei oder vier, grau und pitschnaß, eins weiß. Wie große Ratten. »Wat is dat denn?« stotterte Paule. Ernie kniff ihn in den Arm: »Stell dir vor, Biber!«

Ich denke, ich bin im Wald. Bei Lederstrumpf und Genossen. Wie kommen Biber nach Berlin? Informiert der Magistrat die Bevölkerung? Sind Biber schädlich? Xylander scherzte, als Kind hätten sie »Biber - peng!« gespielt. Wer zuerst einen Menschen mit Bart sah - Damenbart galt auch - rief »Biber - peng« und erhielt fünf Punkte. Rothaarige Bärte zählten zehn Punkte.

Ich schleiche näher, alle paar Minuten ein Schritt. Die Viecher sind ungeniert. Zwei mümmeln an Weißbrotschnittchen. Hat ihnen Meta wohl hingeworfen. Vielleicht werden ihnen später Getränke serviert?

Nun habe ich, zusammen mit meiner Schwester, Brehms Tierleben geerbt. Sie war die Jüngere, bekam »Insekten« und »Lurche und Kriechtiere«. Ich, als Älterer: »Säugetiere«. In den Bänden hatte ich oft geblättert, ohne mich loben zu wollen, darf ich sagen: Kenntnisse sind hängengeblieben. Wie ich so die Tiere betrachte, sage ich:

»Das sind keine Biber. Das sind Bisamratten.«

»Bisamratten? Du hast wohl nich alle. Det sind Biber!« Ernie schien beleidigt.

»Guck genau hin«, rügte ich. »Biber haben ’nen breiten Schwanz. Das weiß jedes Kind aus dem Fernsehen, von den Disney-Filmen. Und ich weiß es aus Brehm.«

»Er weiß es aus Brehm«, murmelte Meta, wie ich meine, ehrfürchtig. Wegen meiner Kenntnisse?

»Dies«, dozierte ich, »sind Bisamratten. Einwandfrei.«

Ich hatte zu laut gesprochen. Die Kolonie hüpfte ins Wasser, sie schwammen unter die Baumwurzeln. Wahrscheinlich hatten sie da ihre Höhle. Die Weißbrotstullen nahmen sie mit.

Immer ohne mich rühmen zu wollen: Ich habe ein optisches Gedächtnis. Blitzartig stand mir der Artikel aus dem Brehm vor Augen. Während die Frauen meckerten, daß ich die possierlichen Tierchen verscheucht hätte, und Ernie insistierte: »Es sind *doch* Biber!« sagte ich:

»Bisamratten sind Schädlinge. Im Jahr werfen sie zwei- bis dreimal sechs bis acht Junge. Warte ab, Ernie, bis die ihre Höhlen bauen. Von deinem Wassergrundstück bleibt nicht viel übrig. Es sollte mich wundern, wenn die Wasserschutzpolizei nicht eingreift. Die Bisamratten unterminieren alle Havelufer.«

»Wehret den Anfängen«, piepste Amaryllis. Sie ergriff deswegen nicht Partei für mich. Es war ihr so eingefallen.

Ernie sagte, er glaube, ihn streife ein Elch. Damals eine beliebte Redewendung. »Is det wahr?« fragte er.

Ich nickte, düstere Kassandra, die Idylle war im Eimer. Wir setzten uns, und Amaryllis lief zum Opel und brachte eine Pulle Sekt.

»Zu feiern gibt's wohl nichts«, meinte sie, aber wenn die *Ratten* alles unterwühlen, sollten wir vorher wenigstens den Sekt austrinken.

Ich sitze da, bin an allem schuld, klar ich, nicht die Bisamratten. Mein Stuhl sinkt in den weichen Boden. Wahrscheinlich haben die Bestien schon alles unterwühlt.

Wer weiß, wie viele sich eingenistet haben, unter unseren Füßen? Wir gehen baden, mitsamt Stühlen und Schampusgläsern. Paule murmelt, man könnte ein paar Fallen aufstellen, endlich Trapper spielen, das würde ihm gefallen.

Meta kreischte: »Du bist ein gefühlloser Dussel. Sieh, wie süß sie sind!«

Die possierlichen Tierchen kamen wieder aus dem Bau, sahen uns zu, wie wir uns den Schampus reinzogen. Paul insistierte, daß man Fallen beschaffen müsse, er erinnere sich, in Frankreich, als er an einer Radrundfahrt teilnahm, haben sie ihm Fallen gezeigt . . . »die kann man da überall kaufen. Der Franzmann ist kein sentimentaler Klops. Der stellt Fallen auf, und schwupp! zieht er den Ratten die Felle über die Ohren.«

»Du Unmensch«, murmelte Meta. Amaryllis riß nur ihre Augen weit auf. Xylander, versöhnlich: »Wir müssen uns erkundigen.«

Das Weißbrot hatten sie gefressen. Ich sah, wie Meta mit sich kämpfte. Am liebsten wäre sie aufgestanden und hätte den Tierchen weitere Stullen gereicht. Statt dessen stülpte sie ihr Kirschenlippenmündchen nach vorne und raunte:

»Ich kaufe mir 'ne Flinte, und wenn ihr die verscheucht, puste ich euch 'ne Ladung Schrot unters Hemde.«

Grammatisch nicht ganz richtig; ohne mich aufspielen zu wollen, bemerke ich, daß es »die Hemden« hätte heißen müssen. So, sprachgeschludert, hätte es bedeutet, daß wir in einem Gemeinschaftshemd verblutet wären, von Metas Schrotkugeln durchsiebt.

Xylander lachte meckernd, ein Zeichen, daß er echt

Gefahr witterte. Ernie blickte auf Meta, als entdecke er einen völlig neuen Menschen in ihr. Paule zog eine Flappe, die wohl das Gesicht des weisen alten Trappers vorstellen sollte. Die Possierlichen schwammen jetzt hin und her.

»Grzimek müssen wir anrufen.« Xylanders Erleuchtung. »Der ist froh, wenn er mit anderen Biestern zu tun bekommt als mit seinem Fernseh-Affen.«

»Der wird sich kümmern«, sagte Ernie. »Um unsere Biber.«

»Bisamratten.«

»Meinetwegen. Rechthaberische Freunde.«

Grzimek rief keiner an, das trauten wir uns nicht. Was hätte der olle Fauna-Papst uns mitteilen können? Nichts, was nicht in meinem Brehm stand. Zu Hause blätterte ich in dem Buch. Eine Abbildung - die sahen haargenau aus wie unsere feuchten Genossen. Der Text stimmte auch. Schädlinge.

Wir beobachteten die Bisamrattenfamilie. So oft hatte Ernie uns nie bei sich gesehen, diesen Sommer brachen wir alle Besucherrekorde.

Und nicht nur wir. Unglaublich, wie viele Fachleute in Bisamratten herumlaufen. Die wenigsten wollten von Vernichtung was wissen. Tenor: Das Problem bekommen wir in den Griff. Pustekuchen. Wenn die ihre sechs bis acht Junge warfen, und die buddelten weiter, dann hatten sie bald einen Tunnel bis Köpenick . . .

Meine Gedanken. Vielleicht auch die Paules. »Wie sieht ein schwangeres Bisamrattenweibchen aus?« fragte Paule, mit Trappergesicht.

Niemand wußte es, der Umgang mit schwangeren Wasserratten - denn das waren die Bisams schließlich - war uns bisher verwehrt geblieben.

Einer machte einen Diätplan, er hatte in einem Buch gefunden, was Bisams fressen. »Sie nagen die jungen Schößlinge ab«, warnte er. »Demzufolge: Frisches Grün! Salate. Löwenzahn.«

»Kein Schappi?« murmelte Paule.

»Davon steht nichts im Buch«, antwortete ernsthaft der Ernährungswissenschaftler.

Wir machten Bekanntschaften, o lala. Als wenn meine Kusine Mathilde mit ihrem Dackel spazieren geht. Die Bisams waren eine Attraktion. Bald ging es bei Ernie und Meta zu wie in einer beliebten Strandbaude. Nur, daß sie gratis schluckten. Ernie schleppte Bierkästen. Die Bisams blieben zu viert, drei graubraune und der Albino. Sie schwammen vor den Nasen der Zuschauer umher, nicht mal »Moby Dick«, der Dampfer, störte sie. Und wie zierlich sie Metas Weißbrotstullen in den Pfötchen hielten. »Direkt menschlich«, zirpte Amaryllis. Begeisterung bei allen. Nur Paule blieb skeptisch: »Die haben längst geworfen. Unterirdisch wühlen se weiter, die junge Kanalarbeiterbrigade.«

Ende August stellten wir zwei weitere Gartentische auf und Klappstühle, der Besucherstrom riß nicht ab. Jeder kannte Ernie, beziehungsweise seine Ratten. Ernie war Gratiskellner. Flaschenbier-Ausschank en gros. Die bei der Schultheiss-Brauerei müssen das am Ausstoß gemerkt haben.

Dann platzte die Bombe. Eines Morgens rief Meta an, wir sollten kommen, ein Herr vom Wasserbauamt hatte sich angesagt.

Paule und ich schwangen uns auf die Räder, Havelchaussee in Rekordzeit. Das Hirschleder in der Radlerhose klebte mir am Hintern. Paule sah durchsichtig aus. Meta lief uns entgegen: »Der Herr kommt gleich. Allerdings: Die Biberchen sind weg.«

»Weg? Was heißt das? Versteckt unter den Baumwurzeln?«

»Nei-en! Weg. Verflüchtigt. Weg. Aufgelöst und abgereist.«

Ernie: »Ick habe in ihrem Bau jestökert, mit langen Stangen. Nüscht. Kuckt mal, ick bin noch naß. Bis zu die Schultern war ick im Wasser.«

Wir gingen zum Ufer. Nichts regte sich. Keine Pfötchen streckten sich uns entgegen, um Stullen in Empfang zu nehmen.

»Wo sind se, wo sind se?« fragte sich Ernie, laut.

»Wo sind se?« fragte eine halbe Stunde später auch der Mensch vom Wasserbauamt. Ein älterer Mensch mit Brille, als Freizeit-Förster verkleidet. Ich hatte mit Marine gerechnet. So kann man sich irren.

Der Mann dachte, wir machen ihm was vor. Erst, als Ernie wieder ins Wasser stieg und stökerte, glaubte er uns. »Sie hätten das melden müssen«, sagte er. »Bisamratten sind Schädlinge. Sie werfen im Jahr . . .«

Ernie winkte ab. »Wissen wir. Aber die haben nich jeworfen. Sonst würden Sie ja die Bisamkindchen sehen, nicht?«

Der Mensch ließ eine Telefonnummer da, wir sollten ihn sofort anrufen, wenn die Ratten wieder auftauchten. »Sofort! Das ist eine amtliche Aufforderung!« Er tippte an sein grünes Hütchen.

Wir blickten ihm nach. »Was machen wir nun?« fragte Meta.

Paule blickte ihr versonnen in die Schürze. »Ich glaube, wir machen 'ne Pulle auf«, sagte er. »Radfahren im Aujust macht durstig.«

Kleiner Grenzverkehr

Meine Mutter, wenn sie noch leben würde, hätte gesagt: »Junge, es gibt so viele nette Mädchen in Deutschland. Muß es eine Ausländerin sein?«

Dazu eine Französin. Man wußte damals, daß Französinnen Dinge tun, die beim Mann sexuelle Hörigkeit hervorrufen. Inzwischen hat die deutsche Frau dazugelernt, das Thema ist nicht einmal mehr für *Playboy*-Cartoons gut. Trotzdem siegte Marie-Claire, von unseren Regionen aus betrachtet eine halbe Portion, über eine Phalanx hochgeschossener, langbeiniger Gretchen. Es mußte so kommen, im Rahmen des frankophilen Schubs, der nun schon längere Zeit bei mir andauert. Unglücklicherweise halten mich berufliche Pflichten immer wieder für längere Wochen in Deutschland fest. Wie so viele Liebende, die Trennungen auf weite Distanz unterworfen sind, bessern wir die Bilanz der Postminister durch häufige Ferngespräche auf. Welch kümmerlicher Ersatz! Sobald wie möglich werfe ich mich in den Mahlstrom der Autobahnen, um in Marie-Claires Arme zu eilen.

Selbstverständlich fahre ich ein Auto französischen Ursprungs, eine jener luftgefederten Flundern, in deren Inneren die wahren Erben Walt Disneys sich ausgetobt haben. Kontrollampen leuchten, Elektronik piepst, regenbogenbunt flattern Lichtbänder auf, Hydrauliköle schicken ihre Seufzer bis ins Innere.

Vogelflug-Linie. Ich liebe den Namen für die Autobahn, die mich nach Süden führt. Nicht ganz einem Vogel gleich, wie ich hinter Bremen feststelle, als sechzehn Kilometer Baustelle und auf Brücken lauernde kamerabewehrte Überwacher mich zur Mäßigung zwingen. Radio Luxembourg hilft, das französische Programm, mit einem Tastendruck werfe ich es an. Vertraute Laute, ein Trick, mit dem ich Marie-Claire näherkomme. Die Stimme einer Ansagerin erinnert mich an die Stimme der Frau, der ich entgegeneile, schneller nach der Baustelle, die Lastwagen der Frischdienste auf der rechten Spur scheinen stehenzubleiben. Frischer Kaffee, frisches Fleisch, frische Nudeln, frischer Tabak, von frischen Transporteuren zu frischen Ladeninhabern gesteuert, für Kunden, die das Frische suchen.

Kamener Kreuz. Der Verkehr wird dicht. Ich mogele mich durch, eine Weile lichtorgelt ein Porsche vor mir her und fegt die Spur frei. Durch die getönten Scheiben meines Wagens wirkt die Landschaft entrückt, sie lenkt mich nicht ab. Bei Wuppertal steht der Porsche am Straßenrand, die Pilotin füllt Öl nach. Ihre Hosen sind eng. Da muß die Ölzufuhr stocken.

Düsseldorf scheint durch eine teilweise neue Umfahrung ein paar Minuten einzubringen, kaum Verkehr, ich schmettere über die Rheinbrücke. Dahinter plötzlich eine Abzweigung, Schilder mit schönen Vorschlägen, aber das Schild AACHEN fehlt. *Rouge et noir.* Marie-Claires Lächeln, als sie fünftausend Francs gewann, in Monte Carlo. Ich schwenke die Flunder nach rechts. Nach ein paar Kilometern merke ich, das war falsch, wieder rolle ich über Vater Rhein. Eine Straßenbahn zockelt in Richtung Innenstadt. U-Turn. Im Rückspiegel durchgezogene weiße Linien, die sich wie Spaghetti krümmen. Einige Passanten beglücken mich mit unmißverständlicher Geste, indem sie mittels Daumen und Zeigefinger ein Loch formen. Der Rhein zum drittenmal. Walt Disney läßt am Armaturenbrett eine orangene Benzinpumpe aufleuchten. Halt an der einsamsten Autobahn-Tankstelle Deutschlands.

Dann: Die Grenze. République Française. Keine Zöllner, Euro-Gefühl. Dünner Verkehr. Voll drauf, Marie-Claire. Was heißt Tempolimit hundertdreißig? Es ist immer spät, wenn es um die Liebe geht. Das erste Schild PARIS. »Und wenn Paris, Paris nicht wär, so gäb es keine Wiederkehr.« Euphorie. Ich kalkuliere meinen Schnitt. Düsseldorf hat Zeitverlust gebracht. Wieso haben sie das AACHEN-Schild nicht aufgehängt? Frankophil durchsotten ignoriere ich, daß es in Frankreich außer jenen Straßenschildern, die nach Paris weisen, kaum eines gibt, das dem Reisenden weiterhilft. Eine Verschwörung der Gastronomen und Hotelbesitzer. Vor mir eiert ein roter Wagen mit deutschem Nummernschild. Ich ziehe vorbei, zwei Mädchen sitzen darin, lächeln zu mir herüber. Ade, ihr deutschen Mäuse, ihr könnt meinen Windschatten beschnuppern. Letzter Gruß aus Blondinien.

Straßenmaut. Weiter. Verdammt wenig Verkehr. Man hört immer wieder, diese Autobahn ist wenig befahren. Aber so wenig?

Zwei Mirages durchbrechen über mir die Schallmauer. Müssen die an der Autobahn kleben? Anders finden die wohl nicht nach Hause? Alles, was schneller ist als ich, ärgert mich. Ich drücke den Gashebel durch. Das Econometer zeigt Blutrot. Die Flunder schluckt Benzin. Soll sie. In ein paar Stunden ist sie zum Sänftendasein verurteilt, schaukelt Marie-Claire und mich durch die Landschaft. Ich liebe es, wenn Marie-Claire fährt, beobachte sie von der Seite, freue mich an ihrem Profil, ihrem Mienenspiel. Fünfundneunzig Prozent aller Französinnen tragen Büstenhalter. Ich habe ihr das abgewöhnt. Wenigstens, solange wir zusammen sind.

Im Radio singt jemand »Le Temps des Cerises«. Schnulzig, der Jahreszeit nicht ganz entsprechend. Aber schön. Wieder überschlage ich meinen Schnitt. Wenn nichts dazwischenkommt, müßte ich Paris zu einer Stunde erreichen, die günstig ist fürs Passieren der Périphérique, der Stadtumgehung. Dann noch hundertfünfzig Kilometer, und ...

Zwei Zeilen aus einem Gedicht fallen mir ein:

Wo Philomen sogleich, soweit sie ihm erlaubte
Der Schönheit Rosenknopf mit sanften Fingern
schraubte ...

Auf einmal: Rosenknöpfe die Fülle, in Form von Stop- und Blinklichtern. Wo kommen die Autos her? Totalstau. Im Rückspiegel sehe ich Auto um Auto herantaumeln. Neben mir halten die Blondinen mit der deutschen Nummer, ihr Auto zittert nach. Beide grinsen unverschämt herüber. Mein Zeigefinger rutscht auf die Taste zum Versenken der rechten Scheibe. Kleiner Wortwechsel gefällig? Auch eine Art der Anbahnung. Doch nein, mein Herz bleibt rein, geradezu poliert, Chromnickelstahl, die Scheibe bleibt zu. Ich wechsle von Radio Luxembourg auf France Inter. Vielleicht hat jener Sender ein Einsehen und teilt mit, was vorgeht? Auf dieser bekanntermaßen wenig frequentierten Autobahn? Doch der Sender beschäftigt sich mit Ratespielen, soeben hat eine Hausfrau achttausend Francs gewonnen, weil sie gewußt hat, wer auf einer Lokomotive von Paris nach Belgien floh, - klar, General Beranger. Hätten Sie's gewußt?

Türen klappen. Mitgestaute möchten per Blick entlang der Leitplanke, der unendlichen, erfahren, was vorne los ist. Vorne ist aber weit vorne. Nichts geht mehr.

Hinter mir packen sie Klappstühle aus und improvisieren ein Picknick. Wenn es nun weitergeht?

Es geht nicht weiter. Die Germaninnen aus dem roten Auto neben mir pflücken Blümelein am Autobahnrand. Merkwürdig, daß auch aus der Gegenrichtung niemand kommt. Zwei Kinder spielen über meinen Kühler hinweg Federball. Das Mädchen, höchstens sechs Jahre alt, trägt einen Bikini, mit Büstenhalter. Es ist eher ein Büstenrutscher. Wird aber in der Statistik mitgezählt, davon bin ich überzeugt. Ich schaue auf die Uhr. Der Schnitt ist beim Teufel. Ein Hubschrauber schnattert über uns hinweg. Deutlich erkennt man den Piloten, und einen Mann neben ihm, der in ein Mikro spricht. Nimm ein' Gruß mit, und ein' Kuß. Für Marie-Claire. Der Hubschrauber dreht ab. Weit, weit vorne verschwindet er über glitzernden Autodächern.

Auf der Standspur nähert sich mit Blaulicht ein Krankenwagen. Da sitzen aber die Picknicker. Er muß warten, bis sie Klapptisch und Stühle beiseite geräumt haben. Wir drängeln uns um den Ambulanzwagen, fragen den Fahrer, was los sei. Stau, meint er. Die Antwort überlebt er fast nicht. Endlich bequemt er sich zu der Mitteilung, daß Lastwagenfahrer die Autobahn blockieren. Nicht nur diese, nein, überall in Frankreich. »Konzertierte Aktion«, schreit er, indem er anrollt. Die Picknicker räumen ihre Möbel wieder auf die Standspur. Ein warmer Tag, Stau, – es gibt Schlimmeres, sagt der Mann. Er trägt Polohemd und Boxershorts. Das Polohemd ist unter den Ärmeln durchgeschwitzt.

Wie gelange ich zur nächsten Ausfahrt? Zu einer Raststation? Ich blicke auf die Karte. Soll ich es riskieren, den Wagen stehen lassen und zu Fuß ...

Zwei Polizisten kommen auf schweren Maschinen. Die Picknicker rücken ein bißchen beiseite. Hätte man die Polizisten bitten können, Marie-Claire zu verständigen? Zu spät. Vielleicht hat jemand CB-Funk? Ich schaue nach entsprechenden Antennen aus, sehe aber keine. Dann tröste ich mich damit, daß Marie-Claire vielleicht von einem mitteilungsfroheren Sender als es France Inter ist, von der Aktion der Lastwagenfahrer erfährt. In Frankreich ist so etwas nicht ungewöhnlich, Marie-Claire wird damit rechnen. Ach, mein Herz! Heute abend wollte ich mit dir spazierengehen, bei Einbruch der Nacht, am Ufer des Flusses, wie wir es so oft getan haben. Du in deinen bequemsten Stiefelchen, die du Wellingtons nennst, ich habe sie dir aus London mitgebracht.

Wenn ich es querfeldein versuche? Irgendwo wird es ein Dorf geben und ein Telephon. Doch in Frankreich ist die Landschaft nicht verbaut, wie bei uns, noch nicht. Die Einöde, die sich links und rechts der Autobahn ausbreitet, entmutigt. Nicht einmal ein Gehöft ist zu sehen.

Bleibt das Autobahntelephon. Doch die Streckenwärter werden sich, in solcher Situation, kaum damit abgeben, private Nachrichten zu vermitteln.

Das Kind mit dem Bikini sagt zu seiner Mutter, es habe

Durst. Die Mutter hat aber nichts zu trinken. Ich habe auch nichts zu trinken. Wir werden alle verdursten. Die Picknicker gießen dem fremden Kind einen Becher Tee ein, aus einer Thermosflasche. Wieviel Tee paßt in die Flasche? Ein Liter? Anderthalb? Eine optimistische Schätzung. Die Hälfte ist sicher schon getrunken. Bleibt ein Dreiviertelliter. Für wie viele? Hier spricht der Verkehrsfunk. Wunder sind nicht zu erwarten. Das letzte fand vor rund zweitausend Jahren statt.

Mehr als eine Stunde ist vergangen. Die Autoschlange hat sich keinen Zentimeter vorwärts bewegt. Aus der Gegenrichtung ist kein Wagen gekommen. Eine zweite Ambulanz ist nicht vorbeigefahren. Die Polizisten sind irgendwo vorne verschwunden. Vom Hubschrauber keine Spur. Die blonden Mädchen schlafen, Nacken auf den Polsterlehnen. Ihre Münder stehen offen ...

Bleiern fällt der Tag auf uns. Die Frau des Mannes mit den Boxershorts rekelt sich vor dem Hintergrund des unberührten, gefährlichen Landes. Sie hat ihre Achselhöhlen nicht rasiert. Ihr Gesicht ist gerötet.

Plötzlich Türenschlagen, Motoren werden angelassen, Menschen eilen zu ihren Wagen. Die beiden deutschen Mädchen haben ihre Rosenmünder zugeklappt und schauen angestrengt geradeaus. Nach endlos erscheinenden Minuten setzt sich die Schlange in Bewegung, kriecht im Schrittempo, lockert ihre Glieder. Ich schalte in den zweiten Gang, den dritten. Das bunte Zahlenband zeigt sechzig Stundenkilometer an. Neue Kalkulation. Wenn ich ... Schon stockt die Schlange wieder. Soll ich darauf spekulieren, daß ich durchkomme? Oder lieber die nächste Ausfahrt nehmen? Sie ist in zwei Kilometer Entfernung angezeigt. Die Schlange ruckelt voran, ich bleibe in meiner linken Spur. Hinter der Ausfahrt, die ich verschmäht habe, kommt sie wiederum zum Stillstand. Erneutes Anrucken. Schrittempo. Eine Raststätte. Ich drängele mich nach rechts. Nehme die Standspur, rolle an den anderen vorbei. Einige machen es mir nach. Die Schlange vor den Tanksäulen der Raststätte reicht bis weit in die Einfahrt. Irgendwann durchqueren wir sie. Hinter dem Parkplatz sehe ich eine Ausfahrt, die auf einen Feldweg mündet. Andere Ungeduldige haben das Gittertor niedergewalzt. Der Feldweg mündet auf einer schmalen Asphaltstraße. Ich nehme die Richtung parallel zur Autoroute.

Auf der Karte sehe ich, daß ich bald auf eine größere Straße gelange. Bei einer Telephonzelle am Rand der nächsten Ortschaft halte ich an, werfe fünf Franken ein, wähle Marie-Claires Nummer. Die Aussicht, ihre Stimme zu hören, treibt mir die Tränen in die Augen. Der Stau hat mich geschafft. Das Freizeichen. Niemand nimmt ab.

Sie muß zu Hause sein! Schließlich komme ich heute an. Dann sage ich mir, daß sie weiß, wie lange ich brauche. Weshalb also soll sie jetzt, um diese Zeit, da ich auf jeden Fall weit entfernt wäre, daheim sein? Wahrscheinlich ist sie einkaufen gegangen. Für unser Abendessen. Ich bin gerührt.

Schließlich hänge ich ein. Der Apparat schluckt das Fünffrancstück.

Ich fahre weiter, in einer lockeren Kette anderer, die gleich mir entronnen sind. Der Schönheit Rosenknopf... Einen Augenblick lang schieben sich die geöffneten Korallenmünder der deutschen Mädchen dazwischen.

Ab und zu ein grüner Pfeil. Ich bin auf einer von der Aktion Bison futé gekennzeichneten Nebenroute, die Richtung stimmt. Paris rückt näher. Dann sehe ich, wie unmittelbar vor mir ein Traktor Strohballen auf die Straße schiebt. Ich bremse, bin der erste Wagen an der im Nu entstandenen Sperre. Meine Stoßstange berührt die Strohballen. In Sekunden bildet sich hinter mir eine neue Schlange. Bauern stehen an der Barrikade, Mützen schräg auf den Köpfen, die Gauloises im Mundwinkel.

»Wir wollen keine britischen Tiefkühlschweine«, sagt der eine zu mir.

»Ich bin kein Brite«, sage ich.

Der Mann lacht. »So meinen wir es nicht. Nehmen Sie es wörtlich.«

Frankreichs Bauern kämpfen gegen den Import von Schweinefleisch aus England. Ich erkläre den Männern, daß ich weiter muß. In Liebesdingen unterwegs. Die richtigen Vokabeln fallen mir nicht ein.

Ungeduldige hupen. Eine Hupe spielt die ersten Takte vom »River Kwai Marsch«. Die Bauern scharen sich um mich. Einer verteilt Flugblätter. »Wir machen bald wieder auf«, sagte er. »In einer halben Stunde.«

In einer halben Stunde. »Monsieur, wissen Sie, wie lang eine halbe Stunde ist? Lassen Sie mich durch, bitte.«

Die Bauern schütteln den Kopf. Einer entkorkt eine Rotweinflasche. *»Desolé«,* sagt er. »Trinken Sie erst mal 'nen Schluck.«

Ich steige aus, setze mich mit ihnen auf die Strohballen. Andere Autofahrer leisten uns Gesellschaft. Einer bringt eine Hartwurst, schneidet mit dem Taschenmesser Scheiben herunter. »Wir kommen sowieso nicht weiter«, sagt er. »Vor Paris sind die Abfahrten durch Lastwagen blockiert.«

Ich hole meine Karte. Wir beraten, wie wir uns an Paris vorbeidrücken können. *Bison futé.*

Endlich wird die Barrikade beiseite geräumt. »Kaufen Sie niemals englisches Schweinefleisch«, ruft jener, der die Flugblätter verteilt hat. Ich verspreche es und gebe Gas. Vor mir liegt leer die Landstraße. Auf der Gegenspur haben sich etwa drei Kilometer Stau gebildet.

Schneller, immer schneller. Kaum drossele ich in den Dörfern die Geschwindigkeit. Die Orte sind ausgestorben, alle Fensterläden sind geschlossen. Wahrscheinlich ist die Bevölkerung von einer neuen, unbekannten Seuche dahingerafft worden. Warum ist Marie-Claire nicht ans Telefon gegangen? Hat die Seuche den Ort erreicht, dem ich entgegenstrebe? Erste Anzeichen von Stau – Wahnsinn. Im Autoradio immer noch kein Hinweis auf die Aktionen der Lastwagenfahrer und der Bäuern.

Ich fahre dermaßen schnell, daß ich die Abzweigung für meinen Fluchtweg verpasse. Dann sehe ich Blaulicht über Autodächern zucken. Sanft gleite ich in den nächsten Stau.

Es ereilt mich mitten in einer Ortschaft. Eine Chance, das Auto zu verlassen. Von hier müssen Vorortzüge nach Paris fahren. Bei einer Tankstelle parke ich die Flunder. Möge sie ruhen, bis ich von Marie-Claire zurückkomme. Ich suche das Nötigste aus dem Koffer zusammen, packe Zahnbürste und Rasierapparat in meine Tasche. Ein Polizist beschreibt mir den Weg zum Bahnhof.

Tatsächlich geht ein Zug. Ein paar Minuten bleiben für einen neuen Telefonierversuch. Wiederum keine Antwort. Diesmal gewinne ich jedoch, der Apparat speit acht einzelne Francstücke aus.

Es ist ein wunderbares Gefühl, an den Straßensperren vorbeizurauschen; ich stelle mir vor, wie sie wieder Federball spielen und ihre Picknickkörbe auspacken. Die Häuser der Banlieu von Paris gleiten vorbei. Und wenn Paris, Paris nicht wär ...

Wir rollen in den Bahnhof. Ich haste zur Metro hinunter, mein Zug zu Marie-Claire geht von einem anderen Bahnhof ab.

Auf dem Bahnsteig stehen sie dichtgedrängt. »Die Metro streikt«, sagt einer. »Aus Sympathie zu den Lastwagenfahrern.«

Nichts geht mehr. Die Menge löst sich auf. »Warum«, frage ich einen Passanten, »blockieren eigentlich die Lastwagenfahrer die Straßen?«

»Die Zöllner«, sagt er. »Die Zöllner haben sie nicht nett behandelt.«

»Aber ich habe an der Grenze keine Zöllner gesehen.«

Er sieht mich an, als halte er es für unmöglich, daß jemand neben ihm auf der Treppe zur Metro steht und über die Grenze spricht, als sei er soeben dagewesen.

Ich sehe ihn Hirnarbeit verrichten. »Die Italiener«, sagt er. Und wendet sich schnell ab.

Der Tag schwindet dahin, vor einem Laden räumen sie bereits die Gemüsekisten fort. Nach einer weiteren Ewigkeit läßt mich ein Taxifahrer zusteigen, der in die von mir gewünschte Richtung fährt: »*Gare* ...« Er nickt.

Im Fond drängen sich bereits vier Fahrgäste, ich bin der fünfte. Der Taxifahrer besteht darauf, daß ich den Fahrpreis im voraus entrichte. Dazu bin ich bereit. Ich halte ihn für den besten aller Menschen, möchte ihm Glück wünschen ein Leben lang, nach seiner Familie fragen, seinen Kindern, alle Franzosen haben Kinder, sie lieben es, wenn man sich nach ihnen erkundigt. Doch angesichts der übrigen Fahrgäste, hautnah an sie geschmiegt, wage ich solche Intimitäten nicht, bei Franzosen weiß man nie, wann man zu persönlich wird, sie selbst leiten die harmlosesten Erkundigungen mit der Floskel ein: »Darf ich eine Frage stellen?« – *»Déposer«,* sagen sie, sie legen die Frage nieder, man kann sie aufheben oder nicht.

Wir ruckeln im Stau, auch hier, doch es geht voran. Die Gehsteige sind mit Fußgängern verstopft, wie die Fahrbahn mit Autos. Ich überlege, ob ich vom Bahnhof aus noch einmal Marie-Claire anrufen soll. Inzwischen ist sie gewiß daheim. Macht sich Sorgen, die Stunde meiner voraussichtlichen Ankunft ist verstrichen. Wie kann sie ahnen, daß ich mitten in Paris, mit vier Fremden in ein Taxi gezwängt, dem anderen Bahnhof entgegenholpere?

Meine Mitpassagiere unterhalten sich über Bestien des lieben Gottes, die aus Flugzeugen abgeworfen werden. Fürwahr merkwürdig. Dann fällt mir ein, daß *bète de Bon Dieu* Marienkäfer heißt, und sofort bekommt ihr Gespräch einen Sinn. Man wirft neuerdings über Obstplantagen, die von Blattläusen befallen sind, Marienkäfer ab. Ein Marienkäfer, höre ich, frißt am Tag fünfzig Blattläuse. »Der Erfolg ist verblüffend«, sagt der Mann neben mir. Brummt der Taxichauffeur: »Erst rotten sie die Käfer aus, dann fliegen sie die Tierchen mit Flugzeugen zu den Obstbäumen. *Quelle monde!* Was für eine Welt.« Er schaut dauernd auf die Uhr. Die Taxizentrale brabbelt immer aufgeregter aus dem Lautsprecher. Plötzlich fährt er rechts ran, mit zwei Rädern auf den Bordstein, und stellt den Motor ab.

»Was, bitte, ist jetzt los?«

»Der Taxiverkehr steht still. Wir gedenken der drei Kollegen, die in den letzten Monaten im Dienst ermordet worden sind.«

Warum das alles heute? Meine Mitpassagiere bleiben sitzen. Das Gespräch dreht sich nun um die Gefahren, denen Taxifahrer und Passanten in Paris ausgesetzt seien. »Die Regierung bekommt das nicht in den Griff«, kommentiert der Taxifahrer.

Ich bleibe ebenfalls sitzen, wahrscheinlich wird nur die bekannte Gedenkminute uns aufhalten. Die Minute verstreicht, nichts geschieht. Ich warte auf die Handbewegung des Fahrers zum Lenkradschloß, um den Motor anzulassen. Nichts. Das Gespräch plätschert dahin. Marie-Claire. Jetzt könnte ich in deinen Armen ... dein Lächeln ... Ich berühre den Türgriff.

Sekunden später nimmt der Strom der Fußgänger mich auf.

Weiter, weiter. Nach ein paar hundert Metern merke ich, daß ich meine Tasche in dem Taxi vergessen habe. Zurück? Nein. Die Papiere habe ich in der Jackentasche. Was soll der Rasierapparat? Die Zahnbürste? Ich brauche sie nicht.

Wenn nun die Vorortzüge auch nicht verkehren? Ich will an diese Möglichkeit nicht denken. In einer Telephonzelle telephoniert eine Araberin. Ich stelle mich vor die Tür. Lieber ein paar Minuten warten, als Gefahr laufen, daß ich auf keine Telephonzelle mehr stoße. Die Araberin hat Schwierigkeiten. Sie hängt ein, wählt von neuem. Ich poche gegen die Scheibe. Sie zuckt mit den Schultern, sieht mich beleidigt an. Endlich gibt sie auf. Ich stürze in die Zelle, die nach ihr riecht, ein schweres Parfüm, an Räucherstäbchen erinnernd, gemischt mit einem animalischen Duft. Meine zuvor erbeuteten Francstücke fallen in den Schlitz, ich wähle.

Freizeichen.

Wieder keine Antwort.

Der Apparat benimmt sich korrekt und gibt mir meine Münzen vollständig zurück.

Was tue ich, wenn inzwischen der Vorort-Zugverkehr lahmgelegt ist? Ich könnte ein Fahrrad klauen, als letzter Ausweg. Die Diensträder vor den Polizeistationen sind meistens nicht angeschlossen, die Flics vertrauen auf ihre Position. Ich könnte ein Polizeifahrrad mausen. Durch seinen Anstrich ist es allerdings leicht erkennbar. In einem Farbgeschäft könnte ich eine Dose Sprühfarbe kaufen, Schnelltrockenlack, und das Fahrrad ansprayen. Vielleicht Orange. Orange ist eine schöne Farbe. Allerdings auch auffällig. Vielleicht einfach schwarz, nur die weiß gestrichenen Stellen übersprayen?

Wie lange braucht man mit dem Fahrrad für hundertfünfzig Kilometer?

Wenn sie mich erwischen, ist es allerdings aus. Sie werden mich des Landes verweisen. Einreiseverbot für fünf Jahre. Oder für immer, französische Richter neigen manchmal zu unerwarteter Härte, habe ich mir sagen lassen. Durchaus möglich, daß sie mich erst mal ins Gefängnis stecken. Dann kann mir Marie-Claire einen Kuchen mit einer Feile drin backen.

Das Bahnhofsportal kommt in Sicht. *»Pardon«* murmelnd schiebe ich mich durch die Menschenmenge. Die Züge fahren! In einer halben Stunde werde ich Paris verlassen, falls der Lokomotivführer nicht eine Gedenkstunde für alle Kollegen einschiebt, die je im Dienst gestorben sind.

Pinkeln gehen. Ein Sandwich. Der unverschämte Barmann verkauft mir ein Glas deutsches Bier für siebenundzwanzig Francs. Ich würge das halbmeterlange Sandwich in mich hinein, der Roquefort-Käse quillt an den Seiten heraus. Letzter Telephonversuch. Nichts. Ich steige in den Zug. Der Zug setzt sich in Bewegung.

Mir gegenüber sitzt ein Mädchen, das in einem dicken Schmöker liest. Die Tränen kullern ihr herunter. Der einzige, dessen Neugier sie erregt, scheine ich zu sein. Boche in Frankreich. Oft überlege ich, wie ich eigentlich auf Marie-Claire wirke. Nehmen wir einmal an, ein weiblicher Salamander erkürt sich einen Baumstamm als ...

Hélas. Als was, eigentlich? Als Bettgefährten, der gelegentlich anreist, unter Garantie wieder verschwindet? Bisher hat sie sich geweigert, mich nach Deutschland zu begleiten. Sie hält Deutschland für ein Land, in dem die Wildschweine in den Vorgärten lungern, nehme ich an. Wir haben darüber nicht gesprochen. Doch sie hat Frankreich nie verlassen, und hat, soviel ich weiß, auch nicht vor, das zu tun. Tausende von Kilometern lege ich in meiner luftgefederten Sänfte zurück, damit ich sie sehe, immer nur sie, Marie-Claire. Ich nehme sogar Schwierigkeiten auf mich, wie jetzt, damit ich wiederum an ihren Busen fliege, Rosenknöpfe mit sanften Fingern ...

Wohinein verliere ich mich?

Draußen fliegt abendliche Landschaft vorbei, manchmal tauchen wir in Akaziendschungel wie in grüne Tunnel. Das Mädchen hebt einen Augenblick lang sein Buch hoch. Ich kann den Titel lesen: »Gefangen im Serail.«

Das rührt. Soll ich es ansprechen? Ohnehin wunderbar, wie viele Menschen im Zug lesen. Bücher, keine Zeitungen. Und nun dieses Mädchen, das über der Serail-Geschichte Tränen vergießt. Kann ein Mensch ein ganzes dickes Buch hindurch weinen?

Zwei Stunden. Das Mädchen hat sein Buch zugeklappt und ist ausgestiegen. Außer mir sitzt nur noch eine Asiatin im Abteil. Sie ist ohne Zweifel jung, nicht älter als Mitte zwanzig, hat aber ein fast alt zu nennendes Gesicht. Sie starrt ein paar dunkle Flicken auf ihrer sonst ausgeblichenen Blue Jeans an. Ich hatte das Mädchen vorher gar nicht bemerkt.

Wieder hält der Zug. Ich bin angelangt. Ein Taxi bringt mich zu Marie-Claires Haus. Alles ist dunkel, aber das hat nichts zu sagen, um diese Zeit sind in ganz Frankreich die Fensterläden geschlossen. Ich klingele. Nichts. Noch einmal. Im Haus bleibt es still. Das Gartentor ist nur angelehnt. Ich gehe hinein. An der Haustür schimmert es weiß. Ein Zettel ist mit einem Stück Klebeband an der Tür befestigt. Ich reiße den Zettel ab, gehe zurück auf die Straße. Im Licht einer Straßenlaterne, die hoch über mir an einem Betonmast schwingt, lese ich:

»Frankreich streikt. Du bist nicht gekommen. Du hättest es schaffen müssen. Versuche nicht, mich zu finden. Jetzt streike ich. Adieu, es war schön. Marie-Claire.«

Ich hätte die Tasche mit der Zahnbürste und dem Rasieraparat nicht im Taxi liegen lassen sollen.

Bitte beachten Sie auch die folgenden Seiten

GEORG LENTZ

Molle mit Korn

Drei Romane in einem Band

672 Seiten, gebunden

In seiner Romantrilogie »Muckefuck«, »Molle mit Korn« und »Weiße mit Schuß« erzählt Georg Lentz von Karl Kaiser, einem gewieften Jungen aus der Berliner Laubenkolonie »Tausendschön«. Familie und Nachbarn, Freunde und Freundinnen, lauter Zeitgenossen mit Schnauze und Herz, begleiten Karls unordentlichen Lebenswandel von den dreißiger Jahren bis zum Mauerbau.

Eine herzhaft-sinnliche Lektüre mit viel Zeit- und Lokalkolorit, pfiffige Erzählkunst mit Schwung und Humor.

ROSEMARIE MARSCHNER

Melly

Roman

476 Seiten, gebunden

Ein Roman über die erste, die ganz große Liebe. Ein Roman über drei Generationen von Frauen, von denen Großmutter und Enkelin erstaunliche Ähnlichkeiten aufweisen. Ein Roman aus einer Zeit, in der nach den Entbehrungen des Krieges die Weichen für's Heute gestellt wurden.

ULLSTEIN